DICIONÁRIO DE FALSOS COGNATOS

Francês | Português | Português | Francês

DICIONÁRIO DE
FALSOS COGNATOS

CLAUDIA XATARA
WANDA LEONARDO DE OLIVEIRA

Edição revista e ampliada

1995, 2008 © Claudia Xatara
1995, 2008 © Wanda Leonardo de Oliveira

Direitos desta edição reservados a
EDITORA DE CULTURA LTDA.
Rua José de Magalhães, 28
04026-090 – São Paulo – SP
Fone: (11) 5549-3660
Fax: (11) 5549-9233

sac@editoradecultura.com.br
www.editoradecultura.com.br

*Nenhuma parte deste livro poderá
ser reproduzida, armazenada ou
transmitida sob qualquer forma
ou através de qualquer meio sem
prévia autorização por escrito da Editora.*

Primeira edição: Junho de 2008
Impressão: 5ª   4ª   3ª   2ª   1ª
Ano: 12   11   10   09   08

Dados Internacionais de Catalogação na Publicação (CIP)
(Elaboração: Aglaé de Lima Fierli, CRB-9/412)

X15d Xatara, Claudia
        Dicionário de falsos cognatos francês-português / português-francês /
    Claudia Xatara, Wanda Leonardo de Oliveira. 2. ed. rev. ampl. São Paulo:
    Editora de Cultura, 2008.
        216 p. : 16 x 23 cm.

        ISBN: 978-85-293-0124-2
        Bibliografia

        1. Falsos cognatos – Dicionário bilíngüe. 2. Língua francesa - Falsos
    cognatos – Língua portuguesa. 3. Língua portuguesa – Falsos cognatos –
    Língua francesa. 4. Dicionário bilíngüe. I. Título. II. Oliveira, Wanda
    Leonardo.

                                            21. ed. CDD - 448.2469

Índices para Catálogo Sistemático

1 Língua francesa : Falsos cognatos : Língua portuguesa   448.2469
2 Língua portuguesa : Falsos cognatos : Língua francesa   469.2441
3 Falsos cognatos: língua francesa : língua portuguesa   448.2469
4 Língua francesa : Língua portuguesa : Dicionário   443.69
5 Língua portuguesa: Língua francesa : Dicionário   469.341

A
Clarice e Adhemar, meus pais
Luis Henrique, meu marido
Caio, Vítor e Bruna, meus filhos

Claudia

A
Thercila e Elio, meus pais
Francisco, meu marido
Milene e Murilo, meus filhos

Wanda

SUMÁRIO

Prefácio à 1ª edição   **11**
MARIA TEREZA CAMARGO BIDERMAN

Prefácio à 2ª edição revista e ampliada   **13**
MARIA CLÁUDIA RODRIGUES ALVES

Introdução   **14**

Bibliografia   **21**

Parte 1   **23**
Francês-Português

Parte 2   **135**
Português-Francês

Sobre as autoras   **213**

PREFÁCIO À 1ª EDIÇÃO

Um dicionário é um instrumento útil, informativo e esclarecedor. No aprendizado de uma segunda língua, o estudante ou estudioso encontra no dicionário um auxiliar indispensável no processo de conhecimento dessa língua.

Há muito tempo os especialistas em Lingüística Aplicada, bem como os tradutores, conhecem os percalços que se insinuam no camimho do aprendiz de uma segunda língua. Um desses obstáculos é gerado pela falsa equivalência entre palavras formalmente semelhantes das duas línguas em cotejo. Trata-se de uma aparência de identidade de vocábulos e até mesmo expressões. Esse fenômeno chamado de falsos amigos – *falsos cognatos* – pode induzir os desavisados em erro grosseiro. Por isso, um dicionário que recolha tais elementos vocabulares e sistematize esses dados, procurando evidenciar-lhes a ambigüidade, pode prestar um ótimo serviço a seus consulentes, sejam eles aprendizes de línguas, sejam eles tradutores.

As professoras Claudia Maria Xatara e Wanda Aparecida Leonardo de Oliveira, da UNESP, *campus* de São José do Rio Preto, empenharam-se num meritório trabalho confrontando falsos cognatos entre os pares de línguas *francês* e *português*. Exatamente entre línguas irmãs, originárias de uma língua-mãe comum – o *latim* – um fenômeno como esse ocorrer com freqüência.

As duas vertentes deste dicionário – francês/português e português/francês – elencam um vocabulário marcado pela similitude enganosa entre formas e significados. Para bem explicitar os valores semânticos e os usos desses falsos cognatos, as autoras não se limitaram a indicar a forma equivalente na outra língua:

conf. :

tasse f. Xícara: *Donnez-moi une tasse de café au lait.* [taça = *coupe*]

amassar tr. **1.** Chiffoner: *Cuidado para não amassar a saia.* **2.** Pétrir: *Amasse bem a massa do pão.* [amasser = *amontoar*]

Como se vê, cada verbete inclui também exemplos da palavra-entrada contextualizada; na versão francesa em francês e na versão portuguesa em português. Esses contextos explicitam os sentidos claramente, desfazendo um equívoco eventual. Eis por que recomendo este dicionário ao estudante de francês, bem como ao tradutor que trabalha com essas duas línguas.

MARIA TEREZA CAMARGO BIDERMAN

PREFÁCIO À SEGUNDA EDIÇÃO REVISTA E AMPLIADA

Treze anos após a publicação da primeira edição do *Dicionário de falsos cognatos francês-português / português-francês*, não seria mais necessário um prefácio para apresentá-lo, tamanha é sua importância no meio acadêmico e profissional dos tradutores desde então. Algumas palavras, no entanto, não serão de todo inúteis, à guisa de balanço sobre o preponderante papel deste dicionário e da relevância na realização dessa segunda edição.

Trata-se se de uma das poucas obras de referência brasileiras que prestigiam a produção de dicionários especiais no contexto da lexicografia bilíngüe e da língua francesa. Esgotada a primeira edição, as autoras Claudia Maria Xatara e Wanda Aparecida Leonardo de Oliveira, caras colegas da Unesp, não se contentaram em reeditar a obra de 1995, mas preocuparam-se com sua atualização.

Nesta segunda edição, cada verbete foi revisto. Alguns sofreram ajustes (seja quanto aos sentidos, seja quanto aos exemplos que ilustram cada sentido) e outros foram eliminados pela baixa freqüência ou alta especificidade técnica. Além disso, ao longo dos anos, as autoras cuidadosamente anotaram outros exemplos, que foram acrescentados como entradas.

Como tradutora e professora de francês, formadora de futuros professores e tradutores, venho utilizando constantemente este precioso instrumento em minhas atividades profissionais, atestando sua importância como ferramenta multifuncional: tanto pedagógica quanto no uso do dia-a-dia do tradutor.

Além do aspecto utilitário, pois um dicionário de falsos cognatos é indispensável para evitar malentendidos, ambigüidades e "pegadinhas" da língua estrangeira, é unânime o reconhecimento do aspecto lúdico que está presente e envolve o processo ensino-aprendizagem e o manejo da língua estrangeira quando se trata de "falsos amigos". Eles acabam se tornando, em muitos casos, "bons amigos", pois inspiram aulas criativas e divertidas.

MARIA CLÁUDIA RODRIGUES ALVES

Professora de Francês e Português
Centro de Comunicação e Letras (CCL) da Universidade Presbiteriana Mackenzie, SP
Membro da diretoria da Associação de Professores de Francês do Estado de São Paulo

INTRODUÇÃO

Os falsos cognatos existem em todas as línguas em relação a uma outra, sempre provocando problemas – erros sutis ou grosseiros – para estudantes, professores, tradutores, enfim para todos os que querem ou devem compreender determinado idioma, mas os desconhecem ou não atentam para eles. Por isso acreditamos que seja bastante pertinente saber identificá-los. A maneira mais eficaz para abordá-los de modo sistemático é por meio de um dicionário bilíngüe especial que evidencie as ambigüidades e os contextos falaciosos em que os falsos cognatos ocorrem e desperte as intuições do usuário sobre as relações do sistema nocional da língua materna e estrangeira.

Na verdade sabemos que essas unidades lexicais são quase totalmente ignoradas nas obras bilíngües comuns, o que aponta para a necessidade de uma obra que os sistematize de modo útil, informativo e esclarecedor.

Este *Dicionário de falsos cognatos*, revisão da primeira edição publicada em 1995, visa apresentar prontamente mais de 2 mil vocábulos do francês da França e do português do Brasil que causam, com freqüência, uma *impressão* de facilidade na tradução, para que enganos de interpretação possam ser evitados no ato tradutório ou simplesmente na compreensão do francês em caso da leitura ou da expressão escrita.

Mas comecemos por discutir o conceito da expressão "falso cognato", muitas vezes preterido por outras denominações, como "falsos amigos", por exemplo.

Enquanto Nascentes (1946) chama de *cognatos* palavras pertencentes à mesma família, Lado (1957) considera cognatas as que se assemelham em forma e sentido, independentemente da origem. Daí que *falso cognato* venha a representar, mais amplamente falando, palavras que são semelhantes na forma, mas significam coisas diferentes, assim como para Rector (1979). Seguindo por sua vez Nascentes, Rónai (1983) observa a etimologia para constatar um falso cognato em palavras com semelhança de forma e diferença de sentido, implicando que palavras parecidas sem étimo comum são consideradas "armadilhas" na compreensão/tradução de uma língua estrangeira, mas não falsos cognatos. Já Santos (1981) não acha "simpática" a expressão *falso cognato*, referindo-se a eles como *cognatos enganadores* ou *cognatos de sentido diferente* "que enganam por terem forma semelhante ou idêntica em duas línguas em cotejo, mas, usadas por duas civilizações ou culturas diferentes ou sujeitas a vicissitudes diversas, adquiriram sentidos diversos" (p. XIX).

Pesquisas mais recentes, como as de Sabino (2002, 2006), aprofundam-se na questão, em contraponto às definições mais clássicas comentadas acima, e apresentam distinções entre o que a autora entende por falsos cognatos e cognatos enganosos.

Preferimos, por nossa vez, não considerar falsos cognatos palavras que, além de terem similitude de forma e diferença de sentido, devam necessariamente ter a mesma etimologia, como o fazem Nascentes (1946) e Rónai (1983). Adotamos portanto, para a elaboração deste dicionário, a tradicional definição dada por Lado (1957) ou Rector (1979), que compreendem falso cognato como uma falsa equivalência entre palavras cuja forma de expressão é semelhante ou idêntica em duas línguas comparadas, mas cujos sentidos são diferentes. A esta noção, acrescentamos a semelhança fonética como fator que pode levar a uma confusão interlingüística.

A proximidade de forma entre palavras desse tipo representa uma das falácias da tradução, porque causa a *impressão* de serem facilmente compreendidas e traduzidas. De fato, essa transparência é até possível, no caso dos "verdadeiros" cognatos (vocábulos de forma e significado semelhantes):

anagramme: anagrama *bagage*: bagagem
antilope: antílope *garage*: garagem
apocalipse: apocalipse *planète*: planeta

mas, em muitos outros casos, a transparência é *falsa*: o significado do vocábulo de uma língua não é nada ou muito pouco próximo ao de outra.

1. OS DIFERENTES TIPOS DE FALSOS COGNATOS

Em se considerando a tradução do francês para o português, podem ser casos de falso cognato:

1. Vocábulos com etimologia comum, idênticos:
a) *apenas na forma*
Do latim *zona* resultaram *zona* em francês, que significa "doença cutânea, acompanhada de erupções", e *zona* em português, que corresponde parcialmente a *zone* do francês (cuja origem é também *zona* do latim): "local, região, porção de uma superfície, prostíbulo etc".

b) *na forma e parcialmente no significado*
O termo latino *subire* originou *subir* no português, correspondendo a "elevar

(-se) a um lugar mais alto" e a "suportar, sofrer" (sentido figurado), que é a única acepção de *subir* em francês.

2. Vocábulos sem etimologia comum, idênticos:
a) *apenas na forma*
Auge em francês (do latim *alveus*) quer dizer "cocho" e *auge* em português (do árabe *auj*) significa "apogeu".

3. Vocábulos de etimologia comum, semelhantes:
a) *apenas na forma*
Amasser (do latim *massa*) significa "amontoar"; *amassar* (também do latim *massa*) corresponde a "sovar; amarrotar".

b) *na forma e parcialmente no significado*
Murus do latim originou *muro* no português e *mur* no francês, sendo este último também correspondente a "parede", mas nenhum deles tem algo a ver com *mûr*, seu homônimo na língua francesa, que veio do latim *maturus* e significa "maduro".

4. Vocábulos sem etimologia comum, semelhantes:
a) *apenas na forma*
Acheter (do latim *accaptare*) significa "comprar"; *achatar* (do latim *plattus*, que originou *chato*) corresponde a "tornar plano".

5. Homônimos em francês:
a) *idênticos ou semelhantes apenas quanto à forma*:
Livre significa "livro ou libra" em francês, não correspondendo a *livre* em português (que, por sua vez, corresponde a *libre* na língua francesa; este último parecendo, mas não sendo, *libra*, que é *livre*).
Para se dizer *carro* em francês, pode-se escolher "voiture", mas jamais *car*, conjunção que significa "pois", ou *car*, "ônibus interurbano ou interestadual".
Sala pode ser *salle*, mas não seu homônimo (homófono heterógrafo) *sale* que corresponde a *sujo*.

b) *semelhantes na forma e parcialmente no significado de seu correspondente em português*:
Cuisinière, além de ser "cozinheira", é também "fogão"; assim como *bonne* pode ser "boa" ou "empregada"; e *mine*, "mina" e "aparência, fisionomia" etc.

6. Parônimos em francês:
Pares de exemplos como *amende/amande, dépenser/dispenser, stylo/style* podem incitar a uma única tradução: "amêndoa", "dispensar" e "estilo", respectivamente.

São, contudo, apenas *amande, dispenser* e *style* que permitem essa correspondência; *amende, dépenser* e *stylo* significam "multa", "gastar" e "caneta", respectivamente.

Há também o que se poderia chamar *rede de falsos cognatos*, como nos exemplos abaixo:

- *billion:* trilhão # *trillion:* um bilhão de bilhões
        # bilhão: *milliard* # milhar: *millier*

- *cigare:* charuto
        # cigarra: *cigale*
        # cigarro: *cigarette*

- *coupe:* taça # *tasse:* xícara
        # copo: *verre*

- *collet:* gola
        # colete: *gilet* # gilete: *lame* # lama: *boue*

- *mâche:* erva-benta
        # macho: *mâle* # mala: *malle, valise*

- *ombre:* sombra # *sombre:* sombrio
        # ombro: *épaule*

- *vide:* vazio
        # vida: *vie*
        # vide (v. ver): *voyez*

2. O TRATAMENTO LEXICOGRÁFICO DOS FALSOS COGNATOS

No Brasil, enquanto é possível encontrar uma produção regular de dicionários de falsos cognatos de língua inglesa (ZAMARIM, 1976; SANTOS, 1981 e 2007; MASCHERPE & ZAMARIM, 1976; DOWNES, 1984; HORTA, 2002; e CARVALHO, 2004), e mesmo de língua espanhola (ANDRADE, 1992; MELLO & BATH, 1996; MARZANO, 2001; e MOURE & BECHARA, 2002) – para só citar algumas referências –, no universo da língua francesa a realidade é bem menos significativa.

Essa lacuna lexicográfica e de sistematização para uma aplicação no ensino/aprendizagem (WILCZYNSKA, 1989) levou-nos a propor o primeiro dicionário de falsos cognatos francês-português-francês em 1995 (XATARA & OLIVEIRA) e até o presente foi publicado apenas mais um, o dicionário de Bath e Biato, em 1998. Há ainda alguns exemplos de falsos cognatos do francês em relação ao português brasileiro no livro de Rónai (1989).

Este dicionário apresenta os falsos cognatos dispostos em ordem alfabética, sem identificação de seus casos específicos, pois achamos mais relevante considerar o problema dos falsos cognatos em sua totalidade.

Para a seleção da nomenclatura, cuja tradução foi auxiliada por vários dicionários de língua unilíngües e bilíngües, além de vocabulários técnicos, verificamos cada entrada do *Petit Robert* (1990, 1996) e suas possibilidades de levar o aprendiz a equivalências falaciosas em português.

Geralmente, podemos observar a ocorrência de um falso cognato por ter havido conservação do signicaficado de origem em apenas uma das duas línguas em questão ou por ter ocorrido, em ambas, evolução desse significado (por extensão, restrição, enfraquecimento ou reforço), visto tratar-se de culturas diferentes em que influem diversos fatores. "Estudo" e *étude*, por exemplo, vieram do latim *studiu*, ambos significando "aplicação zelosa; ardor; afeição", mas "estudo", do português, não acompanhou a evolução semântica do vocábulo francês, que adquiriu também o significado de "escritório" e de "sala de estudos".

Lembramos, por outro lado, que a nossa preocupação é com o léxico e a semântica (daí ser um estudo direcionado à semântica descritivo-comparativa), e não com a estilística comparada propriamente dita, ainda que tenhamos levado em conta, quando pertinentes, diferenças dos níveis de linguagem. Por exemplo, *tire* corresponde a "máquina" como sinônimo gírico de *"carro"*, que é da língua comum (e não a "tira"). Nesse caso, tentamos sempre uma correspondência, na tradução, que apontasse também as marcas de uso desses vocábulos. Além disso, evitamos quase sempre os sentidos arcaicos, dando preferência aos de uso corrente, mas assinalamos acepções técnicas que possam ocorrer interferindo na língua de todos os dias. *Imposte*, por exemplo, tem sua tradução "imposta" seguida do campo a que se refere, ou seja, é do domínio da arquitetura, indicado entre parênteses.

A partir, então, de um criterioso levantamento dos falsos cognatos, uniformizamos didaticamente cada verbete com os seguintes elementos: vocábulo em francês ou em português [com indicativos gramaticais], seguido de possível tradução ou traduções [com exemplos] e indicação da tradução errônea e seu equivalente, ou ainda do cognato, se houver. Quando for possível propor mais de uma tradução com acepções diferentes, elas vêm numeradas em ordem alfabética, e não em ordem de freqüência. A tradução falaciosa e seu equivalente correto são apresentados entre colchetes. Vírgula indica sinônimos e ponto-e-vírgula, diferentes acepções que o vocábulo considerado pode ter em português. A seguir, um exemplo de verbete:

bulle f. 1. Balão (de histórias em quadrinhos): *Ce personnage bavard a besoin de grandes bulles*. 2. Bolha (de ar; de gás; da pele; de sabão): *L'enfant a fait des bulles pour s'amuser*. 3. Bula (do papa): *Les bulles du pape sont toujours observées avec attention*. [bule: *cafetière, théière*; bula: *posologie*].

Quanto aos exemplos apresentados, não se trata de abonações retiradas de textos de escritores renomados, mas de enunciados em contextos ambíguos (sempre que possível), propositalmente forjados com o objetivo de favorecer o engano a que os falsos cognatos levam. A "autoridade" dos exemplos restringe-se, portanto, a enunciados curtos, de uso mais corrente, tomados do nosso conhecimento de língua francesa.

Por fim, em certos verbetes, achamos conveniente inserir algumas expressões, por serem muito comuns.

3. OS PROBLEMAS DE TRADUÇÃO

Quanto aos problemas de tradução encontrados, acentuamos os seguintes:

- a *falta de correspondência:* o vocábulo *édicule*, por exemplo, corresponde a "oratório" ou a "w.c.", mas o seu falso cognato "edícula" (casa de três cômodos construída rente ao muro dos fundos de um terreno) não tem correspondente em francês, assim como *mameluk* corresponde a "mameluco" para se dirigir a soldados egípcios, e não a mestiços de brancos e índios, como no português.

- a necessidade de recorrer à *condensação* e muito mais à *ampliação* por ser a língua francesa mais voltada que a portuguesa para a especificidade dos significados de seus vocábulos. Para exemplificar, poderíamos lembrar *botter* (que não é "botar") correspondendo à tradução de "calçar as botas" ou a "fazer botas para" ou ainda a "satisfazer", as duas primeiras ampliadas.

- a enganosa noção de "equivalência" que de fato é improdutiva por estar ainda atrelada à noção de "invariabilidade" e de "sentido único" na tradução, o que contradiz a multiplicidade de opções que permeia o ato tradutório: *rendre*, além de seu cognato "render", pode ter várias outras traduções apropriadas a vários contextos diferentes ("deixar", "tornar", "devolver", "representar", "reproduzir", "soltar"...). O mesmo acontece com *placard* e *tirer* ou com "campo" e "levar". Esse fenômeno evidentemente ultrapassa a problemática dos falsos cognatos.

- a *ambigüidade contextual*, nos casos em que nem mesmo os contextos são suficientes para indicar um sentido preciso, sem equívocos, ao contrário do que Nida (1975) e Delisle (1980) afirmam. Eles dizem que a possibilidade de cair na armadilha de um falso cognato desaparece quando este for considerado dentro do contexto em que ocorre, visto que o contexto apontará claramente para um sentido unívoco. Contudo, se tivermos um enunciado como *Martine va couper les mangues vertes*, vemos que o contexto não é suficiente para mostrar que *mangue*, "manga" (fruta), não possa ser confundido com "manga" (parte do vestuário); ou ainda, em *Mademoiselle, est-ce que vous savez leur surnom?*, o falso cognato *surnom* não se esclarece pelo contexto. Do mesmo modo, na direção português-francês, o usuário de língua francesa teria dificuldade para discernir a correta acepção de "pata" em "Primeiro vamos cortar a pata": seria *pâte*, *patte* ou *cane*? Por isso, sempre que cabível, procuramos intencionalmente apresentar como exemplos enunciados em contextos ambíguos, os quais parecem mais facilmente promover enganos na compreensão/tradução dos falsos cognatos concernentes.

- os diferentes níveis de *competência lingüística* que vão reconhecer ou não uma unidade lexical como falso cognato. Somente os aprendizes poderiam confundir "bois" (*bétail*) e *bois*, ou "pressa" (*hâte*) e *presse*; porém, falsos cognatos como "apontar", "humor" ou *hôtel* e *loge* podem enganar mesmo os mais avançados, considerando a pluralidade de sentidos dessas palavras. Apenas para os iniciantes, "gato" levaria equivocadamente a *gâteau*, mas *chaton* como "gatão" poderia enganar mesmo os *faux-débutants*, que precisam de alguns meses para identificar o sufixo –*on*, corretamente, como diminutivo.

- os *falsos cognatos idiomáticos*, ou seja, unidades fraseológicas que recorrem a uma mesma imagem para expressar sentidos diferentes. Por exemplo, *être à la colle de quelqu'un*, que nos lembra a expressão idiomática em português "estar na cola de alguém", significa "estar grudado em alguém", enquanto "estar na cola de alguém", que utiliza a mesma imagem de *être à la colle de quelqu'un*, corresponde a *être aux basques de quelqu'un*. As divergências de sentido apresentadas por essas formulações quase idênticas das visões de mundo de duas línguas em contraste podem ser explicadas em razão do passado social, cultural e lingüístico de cada povo, que explora metaforicamente o mesmo referente de maneira distinta.

Por fim, esperamos que este nosso inventário seja útil não apenas para iniciantes na aprendizagem do francês. E nossa contribuição vai no sentido de alertar o usuário a desconfiar sempre, frente a um cognato, que este pode ser falso. Contudo, isso não quer dizer que, para evitar a questão dos falsos, o uso de cognatos deva estar comprometido, empregando-se muitas vezes outros vocábulos não cognatos em detrimento de cognatos correta e apropriadamente utilizados. Seria o caso de *essayer*, freqüentemente empregado no lugar de *tenter* para dizer *tentar*, sendo porém o cognato *tenter*, para essa acepção, correto e usual. É preciso desenvolver, portanto, a habilidade de reconhecer os cognatos e "separar o joio do trigo". A seguir, o "joio"...

BIBLIOGRAFIA

ANDRADE, B.L.F.H. *Dicionário e falsos amigos do espanhol e do português*. São Paulo: Página Aberta/Consejería de Educación de la Embajada de España en Brasil, 1992.
ATILF. *Trésor de la langue française informatisé*. Paris : CNRS Editions, 2004.
AZEVEDO, D. *Grande dicionário francês-português*. 12ª ed. Lisboa: Bertrand, 1998.
BATH, S. BIATO, O. *Faux amis e outras peculiaridades da língua francesa para uso dos brasileiros*. Brasília : Humanidades, 1998.
BLOCH, O., WARTBURD, W. Von. *Dictionnaire étymologique de la langue française*. Paris: Presses Universitaires, 1950.
CARVALHO, U.W. **Dicionário das palavras que enganam em Inglês**. Campus/Elsevier, 2004.
DELISLE, J. *L'analyse du discours comme méthode de traduction*. Ottawa: University of Ottawa Press, 1980.
DOWNES, L.S. *Palavras amigas-da-onça:* a vocabulary of false friends in English and Portuguese. Rio de Janeiro: Ao Livro Técnico, 1984.
FERREIRA, A.B.H. *Novo dicionário da língua portuguesa*. 1ª ed. Rio de Janeiro: Nova Fronteira, s.d.
HORTA, N. *Dicionário de falsos cognatos inglês-português*. Publit, 2002.
HOUAISS, A. *Dicionário Houaiss da língua portuguesa*. Rio de Janeiro: Objetiva, 2001.
LADO, R. Linguistics Across Cultures: Applied Linguistics for Language Teachers. Ann Arbor: The University of Michigan Press, 1957.
MACHADO, J.P. *Dicionário etimológico da língua portuguesa*. 3 v. Lisboa: Confluência, 1967.
MARZANO, F.M. *Dicionário espanhol-português de falsas semelhanças*. Campus, 2001.
MASCHERPE, M., ZAMARIM, L. *Os falsos cognatos na tradução do inglês para o português*. 2ª ed. São Paulo: Difel, 1976.
MELLO, T., BATH, S. *Amigos traiçoeiros*. Brasília.: Editora Universidade de Brasília, 1996.
MOURE, W.G., BECHARA, S.F. *Ojo con los falsos amigos*. Diccionario de falsos amigos en español y portugués. 2ª ed. São Paulo: Santillana / Moderna, 2002.
NASCENTES, A. *Léxico de nomenclatura gramatical brasileira*. Rio de Janeiro: Edições Dois Mundos, 1946.
NIDA, E. *Language Structure and Translation*. Stanford: Stanford University Press, 1975.
PEREIRA, H.B.C., SIGNER, R. *Michaelis*. Pequeno dicionário francês-português / português-francês. São Paulo: Melhoramentos, 1992.
PETIT *Robert 1*. Dictionnaire de la langue française. Paris: Le Robert, 1990
PETIT *Robert 1*. Dictionnaire de la langue française. Paris: Le Robert, 1996.

RECTOR M. *Manual de lingüística*. Petrópolis: Vozes, 1979.
RÓNAI, P. *Guia prático da tradução francesa*. 3ª ed. Rio de Janeiro: Nova Fronteira, 1983.
SABINO, M.A. *Dicionário italiano-português de falsos cognatos e cognatos enganosos*: subsídios teóricos e práticos. Araraquara, Tese (Doutorado em Letras: Lingüística e Língua Portuguesa) – Faculdade de Ciências e Letras, Universidade Estadual Paulista, 2002.
SABINO, M.A. "Falsos cognatos, falsos amigos, cognatos enganadores ou enganos?: Discussões teóricas que visam à montagem de um dicionário bilíngüe". In: LONGO, B.N.O., SILVA, B.C. (Org.) *A construção de dicionários e de bases de conhecimento lexical*. Araraquara, São Paulo: Lab. Editorial da FCL/UNESP / Cultura Acadêmica Editora, 2006.
SANTOS, A. S. *Guia prático de tradução inglesa*. São Paulo: Cultrix / Edusp, 1981.
SANTOS, A. S. *Guia prático de tradução inglesa*: como evitar as armadilhas das falsas semelhanças. Rio de Janeiro: Campus/Elsevier, 2007.
WILCZYNSKA, W. *Un dictionnaire de faux-amis: pour quoi faire? Lexique*. Col. Le français dans le monde. Paris: Hachette, 1989, p. 179-186.
XATARA, C.M., OLIVEIRA, W.A.L. *Dicionário de falsos cognatos* francês-português / português-francês. 1ª ed. São Paulo: Schimidt, 1995.
XATARA, C. *Dictionnaire électronique d'expressions idiomatiques* portugais-français / français-portugais, 2007. Disponível on-line no endereço do Centre National de Ressources Textuelles et Lexicales: http://www.cnrtl.fr/dictionnaires/expressions_idiomatiques.
XATARA, C., OLIVEIRA, W. L. *Dicionário de provérbios, idiomatismos e palavrões*. francês-português / português-francês. São Paulo: Cultura, 2002.
XATARA, C., OLIVEIRA, W. L. *Novo dicionário de provérbios, idiomatismos e palavrões*. francês-português / português-francês. São Paulo: Cultura, 2008.

Parte 1

FRANCÊS | PORTUGUÊS

ABREVIATURAS E SINAIS

abrev.	abreviatura	ling.	linguagem
adj.	adjetivo	lit.	liturgia
adv.	advérbio	liter.	literatura
agr.	agricultura	loc.	locução
anat.	anatomia	m.	(substantivo) masculino
ant.	antigo	mar.	marinha
antig.	antiguidade	med.	medicina
arc.	arcaísmo	mil.	militar
arquit.	arquitetura	min.	mineralogia
artilh.	artilharia	mitol.	mitologia
astr.	astronomia	mod.	moderno
bot.	botânica	mús.	música
carp.	carpintaria	ópt.	óptica
conj.	conjunção	patol.	patologia
dir.	direito	pej.	pejorativo
equit.	equitação	polít.	política
estat.	estatística	pop.	popular
f.	(substantivo) feminino	prep.	preposição
fam.	familiar	pron.	(verbo) pronominal; pronome
fig.	figurado	quím.	química
filos.	filosofia	reg.	regional
fís.	física	rel.	relativo
fisiol.	fisiologia	relig.	religião
fut.	futebol	s.	singular; substantivo
gên.	gênero	taur.	tauromaquia
geog.	geografia	t.d.	transitivo direto
geol.	geologia	t.i.	transitivo indireto
geom.	geometria	tip.	tipografia
gír.	gíria	v.	verbo
gram.	gramática	vulg.	vulgar
inf.	infantil	zod.	zodíaco
inform.	informática	zool.	zoologia
int.	intransitivo	zootec.	zootecnia
interrog.	interrogativo	=	corresponde a
inv.	invariável	f&	locuções
jur.	jurídico		

abîmer t.d. **1.** Abismar = lançar no abismo: *L'assassin a abîmé la victime.* **2.** Estragar: *Ce gros camion abîme les routes* [abismar, causar espanto: *étonner*].

abondance f. f& *parler d'abondance* = improvisar: *Un bon orateur sait parler d'abondance.*

abonné m. Assinante: *Les abonnés de Paris Match en sont très contents.* [abonado: *garanti*].

abordage m. Abordagem (mar.): *L'abordage du navire Queen Elizabeth a déjà fini.* [abordagem de um assunto: *approche*].

abreuvoir m. Cocho: *Le besoin d'abreuvoir a été satisfait.* [abreviar: *abréger*].

abri m. Abrigo: *J'ai de l'abri pour pouvoir me cacher.* [abri (do verbo "abrir"): *ouvrir*].

absoudre t.d. Absolver: *L'absoudre ne sera point facile.* [absurdo: *absurde*].

accent m. Sotaque: *Remarquez l' accent de ce japonais.* f& *mettre l'accent sur* = insistir: *Tous les politiques mettent l'accent sur la question de la dette extérieure.* Cognato: acento.

accorder t.d. **1.** Acordar (pôr de acordo): *Il faut accorder les adversaires.* **2.** Afinar (um instrumento musical): *Le musicien devra accorder son violon.* **3.** Conceder: *Ils vont accorder une augmentation de salaire.* [acordar, despertar: *réveiller*].

accoster t.d. Abordar (alguém): *Des inconnus l'accostent tous les jours.* Cognato: acostar.

accusé m. f& *accusé de réception* = aviso de recebimento: *Vous devez signer cet accusé de réception.* Cognato: acusado.

acheter t.d. Comprar: *J'achète mes vêtements à Paris.* [achatar: *aplatir*].

acte m. f& **1.** *faire acte de* = manifestar: *Il a fait acte d'autorité devant le public.* **2.** *prendre acte de* = tomar nota de: *Je vais prendre acte de ce que tu me dis.* Cognato: ato.

addition f. Conta (de restaurante): *Ils ont demandé l'addition après le dîner.* Cognato: adição.

adiante m. Adianto (bot.): *J'ai vu des fougères, surtout l'adiante.* [adiante: *au-devant de*].

adosser int. Encostar: *Tu dois adosser le lait à la cafetière.* [adoçar: *adoucir*].

aérium m. Sanatório: *L'enfant se repose dans l'aérium depuis longtemps.* [aéreo: *aérien*].

affamé adj. Faminto: *Ce pauvre enfant est affamé.* [afamado: *fameux*].

affection f. Afeição: *L'affection est une maladie de mon pauvre coeur.* Cognato: afecção.

affiner t.d. Afinar (tornar mais fino, aprimorar): *L'oeuvre des philosophes a affiné son esprit.* [afinar instrumentos musicais: *accorder*].

afflouer t.d. Desencalhar (mar): *Un navire de la marine française a été appelé pour afflouer le ferry-boat.* [afluir: *affluer*].

affronter t.d. Nivelar: *Il faut affronter ces pièces de bois.* Cognato: afrontar.

agent m. **1.** Corretor (de imóveis): *L'agent a montré la villa au locataire.* **2.** Corretor (de câmbio): *Les agents de change connaissent bien les valeurs des monnaies.* **3.** Guarda: *L'agent a arrêté le voleur.* Cognato: agente.

agir [s'] pron. f& *il s'agit de* = trata-se de: *Quand il s'agit de grands projets il faut avoir beaucoup d'argent.*

agiter t.d. f& *agiter une question* = discutir: *Nous avons agité une question ensemble.*

agora f. Ágora: *En Grèce on ne va plus aux bains publiques ni à l'agora.* [agora: *maintenant*].

agrion m. Donzelinha (zool.): *Le professeur prenait des agrions pour étudier.* [agrião: *cresson*].

aimant m. Ímã: *Cet aimant a une grande force d'attraction.* [amante: *amant*].

air m. Ária (mús.): *Le chanteur accomode bien l'air aux paroles.* Cognato: ar.

aise f. Satisfação: *Ils riaient comme deux anges car ils avaient l'aise.* [asa: *aile*].

alberge m. Alperche: *L'alberge n'est pas bon.* [albergue: *auberge*].

algue f. Alga: *Le fond de la mer est plein d'algues.* [algo: *quelque chose*].

alisier m. Lódão: *L'alisier ne me plaît pas.* [alisar: *lisser*].

alleger t.d. Aliviar, alijar: *Il faut beaucoup de médicaments pour l'alléger.* [aleijar: *estropier*].

alto f. Contralto: *Les altos ne sont pas venues aujourd'hui pour la répétition.* [alto: *haut, grand*].

amasser t.d. Amontoar: *L'avocat a amassé tous les documents du procès sur son bureau.* [amassar: *chiffonner; pétrir*].

amoureux adj.; m. **1.** Apaixonado: *Antoine est amoureux de Claudine.* **2.** Namorado: *Lui? Il était mon amoureux.* [amoroso: *affectueux*].

andante m. Andante (mús.): *L'andante ne semble admirable: écoutez-le!* [andante (que anda, errante, vagabundo): *allant*].

annal adj. Anual (dir.): *Cela, c'est un problème annal.* [anal: *anal*].

apostrophe f. Apóstrofo: *Cette apostrophe n'a pas été bien employée.* Cognato: apóstrofe.

appeler t.d. Chamar: *On t'appelle au téléphone.* Cognato: apelar.

appointements m.pl. Vencimentos: *Thérèse a déjà reçu des appointements.* [apontamento: *note*].

appontement m. Pontão (mar.): *Le navie est amarré à l'appontement.* [apontamento: *note*].

apponter int. Aterrissar: *Le pilote qui va apponter en ce moment, est très nerveux.* [apontar (com o dedo): *montrer;* apontar (arma, lápis): *pointer;* apontar, aparecer: *se pointer*].

apporter t.d. Trazer, levar: *Le vent apportait le parfum des fleurs.* [aportar: *conduire, aborder* (mar.)].

apprendre t.d. Ensinar: *Apprendre le latin à un enfant, c'est très difficile.* Cognato: aprender.

approximation f. Aproximação, estimativa, avaliação: *Les racines des équations sont calculées par approximation.* [aproximação (como ato de aproximar-se): *approche*].

aptitude f. Aptidão: *Son aptitude est remarquable.* [atitude: *attitude*].

araser t.d. Nivelar: *Le maçon doit araser les assises de cette construction.* [arrasar: *accabler, démanteler, démolir, détruire*].

arborisation f. Arborização (min.): *Il connaît bien l'arborisation de cette région.* [arborização (de árvores): *plantation d'arbres*].

arcanne f. Giz de cera (carp.): *L'arcanne s'est cassée quand elle est tombée de la table.* [arcano: *arcane*].

armée f. Exército: *L'armée française a vaincu.* Cognato: armada (adj.).

asile m. Hospício: *L'asile des aliénés a été détruit.* Cognato: asilo (lugar de refúgio).

assener t.d. Dar (bofetada, soco, paulada): *Il a asséné un coup de bâton sur le chien.* [acenar: *faire signe*].

assoler t.d. Afolhar: *Le propriétaire a déjà assolé le terrain.* [assolar: *dévaster, ruiner*].

attendre t.d. Aguardar: *On va l'attendre à l'entrée du théâtre.* [atender: *accueillir; recevoir*].

attirer t.d. Atrair: *Yves attire les papillons dans les pièges.* [atirar: *jeter, lancer, tirer*].

auditeur m. Ouvinte: *Les auditeurs ont été en silence pendant la conférence.* Cognato: auditor.

auge f. Cocho: *Les vaches hollandaises sont arrivées à l'auge.* [auge: *apogée*].

autour adv. Ao redor: *Un milieu violent et infâme: il a été connu autour.* [autor: *auteur*].

autrefois adv. Antigamente, outrora: *Autrefois les enfants des fermes allaient à l'école à pied.* [outra vez: *encore une fois*].

avance f. Adiantamento: *Nos ouvriers nous demandent une avance.* Cognato: avanço.

aviser t.d. Avistar: *Il avise la jeune fille penchée sur le pont.* Cognato: avisar.

aviso m. Aviso (mar): *Aujourd'hui il n'existe plus d'avisos.* [aviso, informação: *avertissement*].

axile adj. Áxil (bot.): *Tout ce qui est axile fera partie de ma recherche.* [axila: *aisselle*].

baba m. **1.** Doce (regado com calda alcoolizada): *Ces babas me font vômir*. **2.** Bicho-grilo (gír.): *Ce jeune homme vit comme un baba*. [baba: *bave;* babá: *fille au pair*].

baccalauréat m. Exame de conclusão do ensino médio francês: *Jean-Pierre vient de prendre son diplôme du baccalauréat*. Cognato: bacharelado.

baderne f. Velho ignorante: *Il n'est qu'une vieille baderne*. [baderna: *pagaille*].

baffe f. Bofetada: *L'inconnu lui a donné des baffes et ensuite a disparu*. [bafo: *haleine*].

bagasse interj. Biscate (prostituta): *Bagasse! Je te méprise et tu le mérites*. Cognato: bagaço.

bagne m. Presídio: *Il a été forcé à entrer dans les bagnes*. [banha: *graisse;* banho: *bain*].

baguage m. **1.** Anilhamento (nos pássaros): *Les chercheurs ont déjà fait le baguage des hirondelles*. **2.** Incisão (nas árvores): *Pour obtenir la sève il faut faire le baguage*. [bagagem: *bagage*].

bague f. **1.** Anel: *Florence a acheté une bague très chère*. **2.** Argola: *On met des bagues aux oiseaux pour les identifier*. [baga: *baie;* bago: *grão*].

baie f. Vão (abertura na parede para porta ou janela): *Cette baie est trop petite pour ce que tu veux voir*. Cognato: baía.

baignoire f. Frisa (de teatro): *M. Richaud faisait toujours la réservation d'une baignoire*. Cognato: banheira.

bâiller t.i. Bocejar: *Le professeur n'admet pas que ses élèves bâillent en classe*. [bailar: *danser, valser*].

balade f. Passeio: *L'été prochain nous ferons une balade par la Bourgogne*. [balada: *ballade*].

balai m. Vassoura: *Elle a pris le balais en dansant pour nettoyer la maison*. [balé: *ballet*].

balcon n. Balcão: *Tous les jours elle se mettait au balcon pour voir le coucher du soleil*. [balcão (de loja ou bar): *comptoir*].

balle f. **1.** Bola (pequena): *Il faut acheter une autre balle pour le petit garçon.* **2.** Grana (pop.): *Prêtez-moi cent balles.* Cognato: bala (projétil): [bala: (guloseima) *bonbon; caramel*].

ballon m. Bola: *Le ballon a été percé par les spectateurs.* Cognato: balão.

balsa m. Balsa (tipo de madeira): *Le balsa est le plus léger qu'on connaît.* [balsa (meio de transporte): *ferry-boat*].

banc m. Banco (assento): *Les bancs ont été détruits par des marginaux.* [banco (agência bancária): *banque*].

bande f. **1.** Bando: *Hier, une bande de garçons faisait du bruit dans le triste village.* **2.** Faixa: *Michelle a vu une bande toute jaune au jardin.* [banda (conjunto de músicos): *fanfare*]. f& *bande dessinée* = história em quadrinho: *Les enfants aiment les bandes dessinées.*

banque f. **1.** Banco (agência bancária): *Il faut s'adresser aux banques de la place du centre ville.* **2.** Banco (de dados): *Elle travaille à la banque de données.* [banco (assento): *banc*].

banquette f. Banqueta: *La banquette est déjà prête, n'est-ce pas?* [banquete: *banquet*].

bar m. Barbo (peixe marinho): *Les bars ne sont pas trouvés partout.* Cognato: bar (botequim); (unidade de medida de pressão atmosférica).

baratte f. Barata (batedeira de manteiga): *Notre magasin est entassé de barattes.* [barata (inseto): *blatte; cafard;* barato *(adj.): bon marché*].

barbant adj. Chato: *Les barbants, il faut les éviter.* [barbante: *ficelle*].

barbe f. f& **1.** *vieille barbe* = velho quadrado: *Ce monsieur ne comprend pas bien les jeunes. C'est une vieille barbe.* **2.** *la (quelle) barbe!* = que chatice!: *Le hard rock, la barbe!* Cognato: barba.

barrette f. Barrinha: *Une barrette d'or coûte très cher.* Cognato: barreta.

basic m. Basic (inform.): *Le basic est plus facile à apprendre que le cobol.* [básico: *basique*].

bastos m.; gír. Cartucho: *Je vais à la chasse: où sont mes bastos?* [bastos: *housse*].

bâter t.d. Albardar: *Bâtez cet âne avant le voyage.* [bater: *battre*].

bâtiment m. Construção: *Avez-vous vérifié son bâtiment?* [batimento: *battement*].

bâton m. Bastão: *Un bâton a été utilisé dans ce cas de viol.* [batom: *rouge à lèvres*].

batte f. Batedouro: *Pour le linge la batte est indispensable.* [bate (do verbo "bater"): *battre*].

bau m. Vau: *Le bau du navire est cassé.* [baú: *bahut*].

beau-fils m. 1. Enteado: *La mère du beau-fils de marie lui manque.* 2. Genro: *Ma fille s'est divorcée de mon beau-fils.* [belo filho: *beau fils*].

beau-frère m. Cunhado: *Ma soeur a disputé avec son mari, mais mon beau-frère avait raison.* [belo irmão: *beau frère*].

beau-père m. 1. Padrasto: *Mon beau-père, le deuxième mari de ma mère, est très gentil.* 2. Sogro: *Ta fille se ressemble à ta femme et à ton beau-père.* [belo pai: *beau père*].

beaux-parents m. Sogros: *Anne a invité ses beaux-parents à dîner.* [belos pais ou belos parentes: *beaux parents*].

bec m. Bico: *Le bec attire l'attention des visiteurs.* [beque (zagueiro): *arrière*].

belle f. Negra (decisão de um jogo): *Après le match ils vont disputer la belle.* f& *de plus belle* = cada vez mais: *La vocation, il doit la chercher de plus belle.* Cognato: bela.

belle-dame f. Armolão (bot.): *Ce petit jardin est plein de belles-dames.* [bella dama: *dame belle*].

belle-de-jour f. Bom-dia (bot.): *Les belles-de-jour envahissent les buissons verts.* [bela do dia: *belle du jour*].

belle-de-nuit f. Boa-noite (bot.): *Le soir nous allons cueillir des belles-de-nuit.* [bela da noite: *belle de la nuit*].

belle-famille f. Família do(a) cônjuge: *Ma femme et ma belle-famille viendront ce dimanche.* [bela família: *belle famille*].

belle-fille f. **1.** Enteada: *Madame Thibaud ne fait pas figure de mère de sa belle-fille.* **2.** Nora: *Mon fils et ma belle-fille ont su bien élever leurs enfants.* [bela filha: *belle fille*].

belle-mère f. **1.** Madrasta: *Votre père, marié depuis deux ans, vous oblige à aimer votre belle-mère?* **2.** Sogra: *Souvent les brus et les belles-mères ne se comprennent point.* [bela mãe: *belle mère*].

belle-soeur f. Cunhada: *Le frère et la belle-soeur de Jean se sont séparés.* [bela irmã: *belle soeur*].

berce f. Canabrás (bot.): *Les berces ont de petites fleurs.* [berço: *berceau*].

biche f. Cerva: *De nos jours on ne voit guère beaucoup de biches.* [bicho: *bête*; bicha: *ver*; *pédéraste*].

bide m.; pop. Bucho (barriga): *Le gamin a le bide plein de caramels.* [bidê: *bidet*].

bien (de) adv. Muito (a, s): *Il y a bien de participants au congrès.* [bem: *bien*].

biffe f.; pop. Infantaria: *La bife est le mieux de notre pays.* [bife: *bifteck*].

bille f. Bola (bilhar ou de gude): *La bille est verdâtre.* [bile: *bile*].

billet m. Nota (dinheiro): *Elle a déchiré un billet de cinquante francs.* Cognato: bilhete.

billette f. Graveto: *Les fagots de billettes sont déjà rangés.* [bilhete: *billet*].

billion m. Trilhão: *La dette de ce pays monte à trois billions de dolars.* [bilhão: *milliard*].

binocle m. Lornhão: *Les lentilles du binocle se sont cassées.* [binóculo: *jumelle*]. No plural *binocles*: óculos.

bis m. Bistrado: *Le pain bis, je l'aime beaucoup.* Cognato: bis.

biscotte f. Torrada: *Les biscottes au petit déjeuner vont bien.* [biscoito: *biscuit*].

blaser t.d. Corromper: *Les blaser, c'est une habitude bien connue.* [blazer: *blazer*].

bloc m. f& **1.** *à bloc* = a fundo: *Si tu avais freiné à bloc, tu éviterais l'accident.* **2.** *faire bloc* = unir-se: *Faire bloc contre l'agresseur signifie s'armer.* **3.** *mettre au bloc* = colocar no xadrez: *Le nouveau commissaire de police veut mettre au bloc tous le coupables.* Cognato: bloco.

blocus m. Bloqueio: *Le blocus de la côte brésilienne a été un échec.* [blocos: *blocs*].

blouse f. Jaleco: *Le biologiste a déchiré sa blouse.* Cognato: blusa.

boa m. Boa (zool.): *Les boas sont communs surtout dans l'Amérique du Sud.* [boa: *bonne*].

bobo m.; ling.inf. Dodói: *Le bobo a fait pleurer l'enfant.* [bobo: *niais*].

bobonne f.; pop. Minha velha (tratamento do marido para a esposa): *Je sors mais je rentre bientôt, bobonne.* [bobona: *niaise*].

bois m. **1.** Bosque: *La petite fille a peur des bois.* **2.** Madeira: *Il faut scier tout le bois.* [bois: *boeufs*].

bol m. Tigela: *Je vais boire maintenant un bol de tisane.* f& **1.** *avoir du bol* = ser sortudo: *Que tu as du bol, mon ami!.* **2.** *bol alimentaire* = bolo alimentar: *Il faut bien déglutir le bol alimentaire.* **3.** *en avoir ras le bol* = estar cansado de, cheio de: *Le boulot, j'en ai ras le bol.* **4.** *se casser le bol* = não esquentar a cuca: *Ne te casse pas le bol, le résultat sera super.* [bola: *ballon*; bolo: *gâteau*].

boliviano m. Boliviano (unidade monetária da Bolívia): *Le boliviano n'a jamais beaucoup valu.* [boliviano (natural da Bolívia): *bolivien*].

bombe f.; fam. f& *faire la bombe* = fazer patuscada: *Aujourd'hui les gens du village se rassemblent pour faire la bombe.* Cognato: bomba.

bon adj.; m. **1.** Ordem de pagamento: *Il reste souscrire le bon.* **2.** Promissória: *Avec un bon il a fait les achats et les a payés.* f& **1.** *à quoi bon?* = para quê?: *À quoi bon mes efforts?* **2.** *avoir du bon* = ter vantagens: *Ce travail a du bon.* **3.** *bon!* = é mesmo?: *Tu pars déjà? Ah bon!* **4.** *bon mot* = dito espirituoso: *Elle a toujours un bon mot à dire.* **5.** *c'est bon!* = basta!: *Arrêtez de vous disputer! c'est bon!* **6.** *pour de bon* = pra valer: *On a étudié pour de bon.* Cognato: bom.

bonbon m. Bala: *Le petit garçon n'aime pas du tout les bonbons.* Cognato: bombom.

bond m. Pulo: *Les enfants ne cessent pas de faire des bonds.* f& **1.** *faire faux bond à quelqu'un* = dar o bolo em alguém: *Sa petite amie lui a fait faux bond.* **2.** *prendre la balle au bond* = aproveitar a deixa: *Il a pris la balle au bond pour l'inviter à danser.* [bonde: *tramway*].

bonde f. Comporta: *La bonde a été ouverte parce que le réservoir était complet.* [bonde: *tramway*].

bonhomme m. **1.** Bonachão: *Le bonhomme arrivait toujours trés fatigué.* **2.** Boneco: *Qu'il est beau son bonhomme de Neige.* **3.** Desenho grosseiro (de um pessoa): *Tu ne dessines que des bonshommes.* **4.** Tio (tratamento carinhoso para estranhos): *Bonhomme, aidez-moi!* f& *aller son bonhomme de chemin* = tocar a vida para a frente: *Après le malheur il faut aller son bonhomme de chemin.* [bom homem: *homme bon*].

bonite f. Atum: *La bonite est très appréciée.* [bonita: *belle*].

bonne f. Empregada: *J'ai besoin d'une bonne efficiente.* Cognato: boa (adj.).

bonne-maman f. Vovó: *Le petit-fils adore sa bonne-maman.* [boa mamãe: *bonne maman*].

bonnet m. Touca: *La vieille damme porte toujours un bonnet de nuit.* f& **1.** *avoir la tête près du bonnet* = ter pavio curto: *Ne te mets pas en colère, tu as la tête près du bonnet, toi!* **2.** *c'est blanc bonnet et bonnet blanc* = dar no mesmo: *Aller à 7h ou 8h, c'est blanc bonnet et bonnet blanc.* **3.** *être un bonnet de nuit* = estar com cara de velório: *Jacques est triste comme un bonnet de nuit, le pauvre!* **4.** *gros bonnet* = figurão: *Ce ministre est un gros bonnet.* **5.** *jeter son bonnet par-dessus le moulin* = não pôr a mão no fogo: *Martine?! Je jette mon bonnet par-dessus le moulin.* **6.** *opiner du bonnet* = concordar plenamente: *Tu dis qu'il deviendra directeur et j'opine du bonnet.* **7.** *prendre sous son bonnet* = responsabilizar-se por: *Nous prenons ces élèves sous notre bonnet.* Cognato: boné.

bon-papa m. Vovô: *Mon bon-papa, donne-moi un gâteau.* [bom papai: *bon papa*].

bord m. Aba: *La reine aime beaucoup les chapeaux aux larges bords.* f& *être du bord de quelqu'un* = ser da mesma opinião de alguém: *Je suis du bord du président sur la question du racisme.* Cognato: borda; bordo (mar.)

bot adj. Aleijado: *Ce bot vieillard est abandonné.* [bote (pequena embarcação): *canot*; bote (ataque): *botte*].

botte f. Feixe, Maço: *Elle est allée acheter une botte de carottes.* f& **1.** *à propos de bottes* = sem mais nem menos: *Ils se disent de gros mots à propos de bottes.* **2.** *avoir du foin dans ses bottes* = nadar em dinheiro: *Après la loterie, il a du foin dans ses bottes.* **3.** *en avoir plein les bottes* = estar com o saco cheio: *Travailler? j'en ai plein les bottes...* **4.** *graisser ses bottes* = arrumar a trouxa: *Il te faut graisser tes bottes avant de partir.* Cognato: bota; bote (ataque).

botter t.d. **1.** Calçar as botas: *Bottez les enfants avant la promenade.* **2.** Fazer botas para: *C'est lui qui botte ce marchand.* **3.** Satisfazer: *Cette pièce ne me botte pas.* [botar: mettre, pondre].

bouche f. Boca: *C'était une jeune fille à la bouche violacée.* [bucha: *bourre*; bucho: *crépine*].

boule f. Bola: *Si Michelle n'arrête pas de manger, elle restera ronde comme une boule.* f& **1.** *avoir les nerfs en boule* = estar com os nervos à flor da pele: *Il a les nerfs en boule à cause de l'examen.* **2.** *être, se mettre en boule* = ficar furioso: *Elle s'est mise en boule quand il l'a quittée.* **3.** *perdre la boule* = perder a cabeça: *Pour toi je perds la boule.* [bule: cafetière, théière].

bouquet m. **1.** Camarão rosa: *À la plage il prépare très bien des bouquets.* **2.** Grupo (de árvores e vegetais): *Ce bouquet d'arbres sera bientôt tombé.* f& *c'est le bouquet!* = é o cúmulo!: *Dormir pendant la messe, c'est le bouquet!* Cognato: buquê.

bourrache f. Borragem (bot.): *On a besoin de trouver de la bourrache pour faire ce remède.* [borracha: *caoutchouc, gomme*].

bourrade f. Pancada: *Pierre a donné une bourrade à son ami.* [burrada: *ânerie*].

bourreau m. Carrasco: *Le bourreau a fait plusieurs victimes.* [burro: *âne*].

bourrée f. Feixe de gravetos: *La vieille dame a vu une bourrée chez elle.* [burrada: *ânerie*].

bourrer t.d. **1.** Bater: *L'enfant a bourré l'autre.* **2.** Encher: *Tu peux bourrir cet oreiller?* **3.** Socar: *Il a bourré le tabac dans sa pipe.* [borrar: *tacher*].

boutique f. Loja (em geral): *On doit vendre la boutique de la rue Mouffetard.* Cognato: butique.

bracelet m. Pulseira: *Le bracelet de ma montre est en cuir.* Cognato: bracelete.

brader t.d. Liquidar: *J'ai bradé mes biens pour voyager par le monde.* [bradar: *vociférer*].

brande f. Urze (bot.): *Toutes les brandes ont été détruites par le feu.* [brando: *doux*].

brasse f. **1.** Braça: *Ce fleuve a environ cinq brasses.* **2.** Braçada: *À la piscine il pratique de la brasse.* [braço: *bras*].

brave adj.; m. Bravo (valente): *Les braves ne craignent pas le batailles.* [bravo (furioso): *féroce*; bravo (admirável): *bravo*].

bref adv. Resumindo: *Bref, je veux me marier avec vous.* Cognato: breve (adj.).

brigue f. Trama: *Ils furent atteints par une brigue.* [briga: *dispute*].

brin m. **1.** Fio: *Les brins de cette corde ont rompu.* **2.** Broto: *Prends ce brin de muguet.* **3.** Pouquinho: *Il m'a donné un brin de courage.* [brim: *jean*].

brize f. Liliáceas (bot.): *Au printemps, les brizes sont très jolies.* [brisa: *brise*].

broche f. **1.** Broca: *Il faut changer la broche pour faire ce trou.* **2.** Espeto: *Nous devons mettre la viande à la broche.* **3.** Pino: *Après l'accident le pilote a trois broches au pied droit.* Cognato: broche.

bûche f. **1.** Acha (de lenha): *Il faut mettre les bûches dans le foyer.* **2.** Pamonha (apático): *Tu ne réagis pas?! quelle bûche!* **3.** Rocambole: *Gérard aime beaucoup les bûches de Noël!* f& ramasser une bûche = cair de chapa: *Luc a mal aux hanches parce qu'il a ramassé une bûche.* [bucha (de arma de fogo): *bourre*].

bulle f. **1.** Balão (de histórias em quadrinho): *Ce personnage bavard a besoin de grandes bulles.* **2.** Bolha (de ar, gás, pele, sabão): *L'enfant a fait des bulles pour s'amuser.* **3.** Bula (do papa): *Les bulles du pape sont toujours observées avec attention.* [bule: *cafetière, théière*; bula: *posologie*].

bure f. **1.** Burel: *Il a perdu la bure à la campagne*; m. **2.** Poço (de mina): *Les mineurs ont vu au loin un bure.* [burro: *âne*].

busquer t.d. Espartilhar: *La dame a busqué son corset pour devenir plus élégante.* [buscar: *chercher*].

cabane f., pop. Xadrez, prisão: *Ils l'ont mis en cabane depuis deux ans.* Cognato:*cabana*.

cabot m. **1.** Cabo (mil.): *Un cabot a disparu pendant la bataille.* **2.** Cabotino: *Les garçons se plaisent à jouer avec le vieux cabot.* **3.** Cachorro: *Prends-moi le cabot et mets-le à la maison.* [cabo (de um objeto): *manche;* cabo (feixe de fios): *câble*].

cachot m. Solitária (prisão): *Les prisonniers ont été obligés à nettoyer les cachots.* [cacho (de cabelos): *boucle;* cacho (de frutas e flores): *grappe;* cacho (de banana): *régime*].

cadet m. Caçula: *Les parents attendent l'entrée du cadet.* Cognato: cadete.

cadre m. **1.** Alto funcionário: *Mon oncle est devenu cadre.* **2.** Executivo: *Les cadres sont très bien vus dans la société.* **3.** Moldura: *J'ai décidé d'acheter un autre cadre pour mon Picasso.* Cognato: quadro (funcionários). [quadro (arte): *tableau*].

cafetan m. cafetã: *Elle n'aime pas du tout le cafetan.* [cafetão: *souteneur*].

caisse f. Caixote: *Jean-Pierre n'arrive pas à porter cette caisse.* Cognato: caixa (de banco). [caixa (bancário): *boîte*].

cal m. Calo: *Les mains pleines de cal, il ne pouvait pas guider.* [cal: *chaux*].

caldeira f. Caldeira (geol.): *Ils ont failli tomber dans la caldeira.* [caldeira: (tanque aquecedor): *chaudière*].

cale f. **1.** Calço: *Il vous faut enlever les cales.* **2.** Doca: *Les cales sont toutes sales.* **3.** Estiva (mar.): *Le capitain est descendu voir la cale.* [calo: *cal*].

caler t.d.; int. Calar (mar.): *C'est à vous de les caler, Monsieur le matelot!* (afundar): *La pirogue cale peu.* [calar (emudecer): *taire*].

calotte f. **1.** Calota (arq.): *Ces calottes ont été bien faites;* (geog.): *Ce type de procédure peut atteindre les calottes;* (geom.): *Il faut calculer les calottes.* **2.** Solidéu: *L'évêque lui a passé la calotte.* [calote: *grivèlerie*].

calquer t.d. Decalcar: *Calquez-le jusqu'à midi.* [calcar: *fouler, tasser*].

cambium m. Câmbio (bot.): *Nous devons observer le cambium pour cette recherche.* [câmbio (troca): *change*].

came f. **1.** Coca (cocaína - gír.): *Il a tout dépensé pour acheter de la came.* **2.** Dente (de máquina): *L'une des cames s'est cassée.* [cama: *lit*].

camelle f. Meda: *Son frère s'occupe des camelles.* [camelo: *chameau*].

camelot m. Vendedor ambulante de jornal: *À la plage, j'achète mon journal au camelot.* Cognato: camelô.

camisole f. **1.** Colete (arc.): *Pour sortir elle aimait porter sa camisole.* **2.** Camisa (de força): *Dans sa camisole de force, il s'agitait frénétiquement.* [camisola: *chemise de nuit*].

camp m. **1.** Acampamento (mil.): *Ils se trouvent déjà installés au camp.* **2.** Campo (mil.): *Lentement, ils marchaient vers le camp de concentration.* **3.** Campo (polít.): *Je suis plutôt d'accord avec le camp de votre adversaire.* [campo (área rural): *champagne*; (terra para cultivo): *champ*; (espaço reservado a uma atividade): *terrain*; (de trabalho): *domaine*].

campagne f. Campo (área rural): *Mes amis ont choisi la campagne pour leurs vacances.* Cognato: campanha.

campos m.; fam. Folga: *Enfin le directeur a donné campos.* [campos: *campagnes, camps, champs, domaines* ou *terrains*].

cancan m. Falatório: *La vieille tante ne fait que des cancans.* Cognato: cancã.

cancre m.; fam. Pára-quedista (gír. escolar): *Dans le groupe, j'ai trois cancres.* [cancro: *chancre*].

cane f. Pata (ave): *C'est elle qui va couper la cane.* [cana: *canne*; cano: *tuyau*].

canette f. **1.** Lata (300 ml de refrigerante): *On achète une canette avant de continuer la marche, d'accord?* **2.** Canela (de costura): *La canette ne marche pas bien.* **3.** Patinha (ave): *Prends-lui cette canette.* [caneta: *stylo*].

cange f. Barco a vela (no Nilo): *On doit prendre la cange après eux.* [canja: *bouillon de poule au riz*].

cangue f. Canga (instrumento de suplício na China): *Il a été attaché à la cangue.* [canga (de boi): *joug*].

canna m. Cana-da-índia: *Ma soeur veut acheter des objets en canna.* [cana (de açúcar): *canne-à-sucre*].

canne f. **1.** Bengala: *L'aveugle a perdu sa canne.* **2.** Cana: *Les employés ont déjà commencé à réparer les cannes.* f& *canne à pêche* = vara de pescar: *Il ne sait pas trop utiliser la canne à pêche.* [cano: *tuyau*].

cannelle f. Canela (bobina): *Monique vient de casser la cannelle;* (bot.): *Son enfant aime mordre de la cannelle.* [canela (parte da perna): *tíbia* ou *devant de la jambe*].

canon m. **1.** Cano (de arma): *Il a touché le canon à sa poitrine.* **2.** Cânone: *Ils méconnaissent la plupart de canons.* **3.** Copo de vinho (pop.): *Charles a commandé son canon habituel.* **4.** Gato (gír.): *Mais que c'est canon ce type!* Cognato: canhão.

cantatrice f. Cantora clássica; Cantora de ópera: *Marilyne rêve à devenir une cantatrice.* [cantora (popular): *chanteuse*].

canter m. Cânter (turfe): *Le canter est toujours émouvant.* [cantar: *chanter*].

cape f. Capa (vestimenta sem manga): *Henriette portait une cape bleue hier soir.* **2.** Que envolve o tabaco dos charutos): *Tout le tabac est déjà dans les capes.* [capa (de chuva): *imperméable;* capa (de livro): *couverture*].

capital m. Capital (bens): *Dans peu de temps, il détruira tout le capital.* [capital (de país): *capitale;* (de Estado ou região): *chef-lieu*].

capitale f. Capital (de país): *Il prétend dominer toutes les capitales.* [capital (bens): *capital;* (de estado ou região): *chef-lieu*].

capitan m.; arc. Fanfarrão: *Les capitans imaginent tout pouvoir.* [capitão: *capitaine*].

capitule m. Capítulo (Bot.): *Elle n'a pas su décrire les capitules.* [capítulo (de livro): *chapitre*].

capote f. Capota: *Faites attention à ne pas abîmer la capote.* Cognato: capote.

caprice m. Capricho (desejo impulsivo, inconstância, mudança imprevisível, teimosia): *L'avocat l'a fait par caprice.* [capricho (esmero): *soin*].

capricieux adj. Caprichoso (difícil, teimoso): *Capricieux, il a tout ce qu'il veut.* [caprichoso (aplicado): *soigneux*].

caque f. Barrica (de empilhar arenque): *Les caques sont parties et les harengs, par terre.* [caco: *tesson*].

car m. Ônibus: *C'est lui le chauffeur du car.* [carro: *voiture*].

carafe f. Jarra: *Je voudrais une carafe de vin.* f& *rester en carafe* = a) ficar sobrando: *Pendant la fête, Louis est resté en carafe;* b) ter pane: *Ma voiture est de nouveau restée en carafe.* [garrafa: *bouteille*].

carafon m. Jarrinha: *Il m'a offert un carafon d'eau minérale.* [garrafão: *dame-jeanne*].

caravane f. Reboque, trailler: *On va suivre ta caravane.* Cognato: caravana.

caresser t.d. Acariciar: *Il la caresse sans cesse.* [carecer: *manquer*].

cargo m. Cargueiro: *Édouard voulait acquérir un cargo.* [cargo: *poste*].

cargue f. Carregadeira (mar.): *Ils ont laissé tomber la cargue.* [carga: *charge*].

carme m. Carmelita: *Cette soeur ne fait pas attention au carme.* [carma: *karma*; carme: *ode, poème*].

carne f.; pop. Carne ruim: *Mes sous ne me permettent d'acheter que des carnes.* f& *quelle carne!* = que porcaria: *Ce type, quelle carne!* [carne (boa qualidade): *viande*; (humana): [*chair*].

carpette f. Tapete (pequeno): *Je mettrai une nouvelle carpette dans le salon.* [carpete: *moquette*].

carre f. Ângulo: *Les carres ne se joignent pas parfaitement.* [carro: *voiture*].

carriole f. Charrete: *Les enfants aiment se promener en carriole.* [carriola: *brouette*].

carrosse m. Carruagem: *Ils sont partis en carrosse.* [carroça: *charrette*].

carte f. **1.** Cardápio: *Monsieur, vous pouvez me passer la carte?* **2.** Cartão: *J'ai perdu la carte que j'allais leur envoyer.* **3.** Carteira: *Il a déchiré votre carte d'identité.* **4.** Mapa: *La carte nous indique les points visités.* **5.** Título: *Muni d'une carte d'électeur, on peut l'admettre.* Cognato: carta. [carta (mensagem): *lettre*].

carton m. **1.** Caixa de papelão: *Madame Legrand m'a envoyé un carton jaune.* **2.** Papelão: *Sa nièce joue avec les cartons et après les déchire.* [cartão: *carte*].

casaque f. Jaqueta (dos jóqueis): *Il est très élégant dans sa casaque.* f& *tourner casaque* = virar a casaca: *Après l'échec de son parti, Luc a tourné casaque.* [casaca: *habit*].

case f. **1.** Casa (em tabuleiro de jogos): *J'ai dû avancer deux cases.* **2.** Casa (de abelhas): *L'abeille est entrée dans sa case.* **3.** Choupana: *On a visité leurs cases.* **4.** Subdivisão: *Les cases de la carte sont mal tracées.* f& *manquer une case* = faltar um parafuso: *Sûrement il te manque une case.* [casa (moradia): *maison*].

caser t.d. Colocar (arranjar colocação): *C'est son grand-père qui a casé ma voisine.* [casar: *marier*].

casque m. **1.** Capacete: *C'est le casque qui te protège.* **2.** Casco (em pássaros): *Venez voir comme il est plein de casque.* **3.** Fone de ouvido: *Enlève le casque après avoir fini.* **4.** Secador: *Elle est sous le casque depuis 10 minutes.* [casca: *écorce*; casco (unha de boi e cavalo): *sabot*; (de navio): *coque*].

casse f. **1.** Cássia (bot.): *Dans l'avenue, on peut voir des casses.* **2.** Caixa (tip.): *Il m'apprend à travailler la casse.* **3.** Ferro-velho: *Après l'accident, elle s'est adressée à la casse.* **4.** Quebra: *Attention à la casse! Je vous ai déja dit.* [caça: *chasse*].

casser t.d. **1.** Cassar: *On leur dit qu'ils doivent le casser.* **2.** Demitir: *Il a été cassé à tort.* **3.** Quebrar: *Regardez: vous l'avez cassé...* f& **1.** *casser du sucre* = descer a lenha: *Christine vient de casser du sucre sur ton dos.* **2.** *casser le cou* = levar pro buraco: *C'est lui qui m'a cassé le cou.* **3.** *casser les pieds* = encher o saco: *Cet élève casse les pieds de n'importe quelle institutrice.* **4.** *casser les reins* = dar rasteira (arruinar): *Je ne suis pas capable de casser les reins à personne.* **5.** *casser les vitres* = fazer escândalo: *Tu ne devais pas casser les vitres, ma vieille.* **6.** *casser sa pipe* = bater as botas: *Tranqüille et heureux, il a cassé sa pipe.* **7.** *casser une croûte* = fazer uma boquinha: *Il est déjà tard pour casser une croûte.* [caçar: *chasser*].

cassette f. **1.** Cofrinho: *La bonne cache tout dans la cassette.* **2.** Fortuna: *Sa cassette n'est pas aussi précieuse.* Cognato: cassete.

caste f. Casta: *Il ne croit pas aux castes.* [casto: *chaste*].

cathare m. Cátaro (relig.): *Je ne pense pas qu'il y ait des cathares absolument purs.* [catarro: *catarrhe*].

cause f. f& **1.** *en tout état de cause* = seja como for: *On voyage demain matin en tout état de cause.* **2.** *faire cause commune* = concordar: *On va faire cause commune sur ce point. C'est sûr.* **3.** *prendre fait et cause* = tomar partido: *Le juge a pris fait et cause pour l'accusé.* Cognato: causa.

causer int.; t.i. Conversar, falar: *Le boucher m'a causé de ses sentiments.* Cognato: causar.

cavale f. **1.** Égua (lit.): *Ses cavales couraient librement par les champs.* **2.** Fuga (gír.): *On a vu l'arrêté en cavale.* [cavalo: *cheval*].

cavalier m. Cavalheiro: *Ce sont les cavaliers qui les invitent à danser.* Cognato: cavaleiro. [cavaleiro (na acepção histórica): *chevalier*].

caver int. Entrar com o cacife: *Mon beau-père ne cave jamais beaucoup avec ses amis du club.* Cognato: cavar.

cédule f. Cédula (documento): *Je ne sais pas remplir cette cédule.* [cédula (papel-moeda): *billet*; (para votação): *bulletin de vote*].

ceinture f. **1.** Cinto: *Ma ceinture est trop serrée.* **2.** Redor: *Les politiciens vont faire la ceinture de la ville.* Cognato: cintura.

cela pron. Aquilo, isso, isto: *Avant d'être arrêté, il ne pensait pas à cela.* [cela: *cellule*].

cellule f. **1.** Cela (alvéolo): *Les cellules se présentent mal constituées.* **2.** Cela (prisão): *Cette cellule est tout à fait contaminée.* **3.** Cubículo: *Votre cellule n'est pas aussi petite comme vous m'avez dit.* Cognato: célula.

cène f. Santa Ceia: *Pendant les Pâques, beaucoup d'acteurs participent à la cène.* [cena: *scène*].

censure f. Censura (oficial, psicológica, religiosa): *On lui a finalement prononcé la censure.* [censura (reprovação informal): *reproche*].

cèpe m. Espécie de cogumelo comestível: *L'enfant, malin, a détruit les cèpes.* [cepa: *cep*].

cerne m. Olheira: *Je n'aime pas voir tes cernes.* Cognato: cerne.

certains pron.pl. Alguns: *Seulement certains vont y réussir.* [certos: *certains* adj.].

certes adv.; liter. Certamente: *Certes, ils ont tout fait.* [certos: *corrects*].

ceste m. Cesto (usado por pugilistas da Antigüidade): *Il se protège par le ceste.* [cesto; cesta: *panier*].

chamade f. f& *battre la chamade* = disparar: *Ses pensées l'ont fait battre la chamade.*

chambre f. **1.** Câmara: *Les avocats viennent d'entrer dans la chambre.* **2.** Quarto: *Le soir, Jean préfère rester dans sa chambre.* [chambre: *robe de chambre*].

chance f. Sorte: *À l'examen, Lucie compte sur sa chance.* [chance: *opportunité*].

chanceler int. Cambalear: *Sans chanceler, il est difficile de se dresser après la fête.* [chanceler: *chancelier*].

chape f. Capa (relig): *Le cardinal ne trouve pas la chape pour pouvoir sortir.* (objeto que tampa ou envolve). *Où est la chape qui était sur la table?* [chapa: *plaque*; fam.: *pote*].

chapelain m. Capelão: *L'enfant du bigot a donné un coup de pied au chapelain.* [chapelão: *grand chapeau*].

chapelet m. Rosário: *Le religieux a laissé tomber son chapelet.* [chapeleta: *petit chapeau*].

charge f. **1.** Ataque: *Les charges des ouvriers devant les portes de l'usine étaient grossières.* **2.** Carga: *Cette charge est un peu trop lourde.* **3.** Cargo: *Sa charge peut lui causer des problèmes.* **4.** Encargo: *Il ne veut pas accepter les charges de famille.* f& **1.** *à charge de* = com a condição de: *Passez chez moi à 10 h à charge de vos excuses.* **2.** *prendre en charge* = encarregar-se: *Le gouvernement va prendre en charge le boursier.* **3.** *retourner à la charge* = Tentar de novo: *À l'examen, les étudiants retournaient à la charge.* Cognato: charge.

charme m. Carpa (bot.): *Au village, sous tes charmes, j'attendais la vie...* Cognato: charme.

charrette f. Carroça: *La charrette s'est enfoncée dans l'abîme.* [charrete: *carriole*].

charruage m. Aração: *Elle se refuse d'aller au charruage.* [carruagem: *carrosse*].

châsse f. **1.** Moldura (de óculos): *Je n'arrive pas à le faire entrer dans la châsse.* **2.** Relicário: *Les fidèles adoraient la châsse.* [caça: *chasse*].

chasser t.d. Caçar: *Il a été décidé de chasser les corrupteurs.* Cognato: rechaçar.

chat m. Gato: *Sa belle-mère aime mieux le chat.* f& **1.** *avoir d'autres chats à fouetter* = ter mais com que se preocupar: *Laisse-moi tranquille que j'ai d'autres chats à fouetter.* **2.** *n'y avoir pas un chat* = não haver viva alma: *Dans la fac, pendant les vacances, il n'y a pas un chat.* [chá: *thé*].

chatte f. **1.** Gata: *À peine la vieille dame entre, la chatte s'approche d'elle.* **2.** Xoxota (vulva - pop.): *La petite fille a blessé la chatte au coin de la table.* [chata (plana): *plate*; (aborrecedora): *embêtante*].

châtier t.d. Castigar: *Sa mère se met à le châtier sans cesse.* [chatear: *embêter*].

chaton m. **1.** Amento (bot.): *Ce chaton n'a pas de couleur très vivante.* **2.** Gatinho: *Le bebé s'amuse à caresser le chaton.* [gatão: *grand chat*].

chayote m. Chuchu: *Hélène m'a demandé d'acheter des chayotes.* [saiote: *jupon*].

chef m. Ponto (dir.): *Il faut reconsidérer les chefs de cette demande.* f& **1.** *au premier chef* = em alto grau: *Les accusés iront avoir la condamnation au premier chef.* **2.** *chef de cuisine* = mestre-cuca: *Devenu chef de cuisine, aujourd'hui il est fameux.* **3.** *chef d'orchestre* = regente de orquestra: *Ce chef d'orchestre est vraiment formidable.* Cognato: chefe.

chef-d'oeuvre m. Obra-prima: *Le chef-d'oeuvre qui vient de paraître est déjà reconnu.* [chefe ou mestre de obra: *maître d'oeuvre*; *chef de chantier*].

chic m. **1.** Aclamação (gír.): *Les jeunes étudiants font le chic pour leur représentant.* **2.** Destreza: *Ce travail révèle du chic.* **3.** Elegância: *Le chic de l'hôte a enchanté les invités.* **4.** Legal (adj.): *Ce que tu lui as fait, c'est chic!* Cognato: chique.

chichi m. Frescura, afetação: *Il suffit de faire du chichi, Mireille*. [xixi: *pipi*].

chicot m. Lasca: *Son neveu a jetté un grand chicot par la fenêtre*. [chicote: *fouet*].

chier int.; vulg. Cagar: *Après le médicament, il ne cesse pas de chier*. f& *faire chier* = ser de cagar: *Ma voisine, la blonde, me fait chier*. [chiar: *regimber*].

chiffre m. **1.** Algarismo: *Je voudrais savoir combien sont le chiffres*. **2.** Cifra: *L'employé a déjà compté tous les chiffres*. [chifre: *corne*].

chiffrer t.d. **1.** Cifrar: *Il a l'habitude de tout chiffrer*. **2.** Enumerar: *C'est moi qui vais le chiffrer*. [chifrar: *encorner; cocufier* - vulg.].

chine f. **1.** Feira de objetos usados: *Dimanche matin, mes amis iront à la chine*. **2.** Venda de porta em porta: *La chine n'est pas du tout agréable*. Cognato: China.

chique f. **1.** Bicho-de-pé: *Il a une chique sous son pied gauche*. **2.** Casulo: *La chique n'a qu'un peu de soie*. **3.** Pedaço de tabaco para mascar: *Le vieillard cherche une chique après le dîner*. f& **1.** *avaler sa chique* = apitar (morrer): *Monsieur Durrell a avalé sa chique*. **2.** *couper la chique* = dar cortada: *Elle me coupe souvent la chique*. [chique: *chic*].

chope f. Copo para cerveja: *La serveuse nous apporte trois chopes débordant*. Cognato: chope.

chouchou m. Queridinho: *Viens, je veux te montrer mon chouchou au jardin*. [chuchu: *chayote*].

chrême m. Santos Óleos (relig.): *Il est arrivé en apportant le chrême*. [creme: *crème*].

chute f. **1.** Queda, tombo: *La chute des livres a fait un bruit sourd*. **2.** Queda (cascata): *Il te faut apprendre à admirer les chutes*. [chute: *coup de pied; shoot* (fut.)].

chuter int. Fracassar: *Les entrepreneurs-là ont chuté. Malheureusement*. [chutar: *donner un coup de pied* ou *shooter* (fut.)].

cidre m. Sidra: *Je préfère le cidre au champagne*. [cidra: *cédrat*].

cigare m. **1.** Cachola (pop.): *Gustave a coupé la cigarre.* **2.** Charuto: *Mon collègue déteste les cigares.* [cigarro: *cigarette*; cigarra: *cigale*].

claque f. **1.** Prostíbulo (vulg.): *Elles sont aux claques ce soir.* **2.** Tapa: *Il paraît que tu aimes les claques.* Cognato: claque.

clausule f. Último termo (de uma estrofe, de um período oratório ou de um verso): *Cette clausule résume toute la pensée du poète.* [cláusula: *clause*].

clique f. **1.** Conjunto dos tambores e clarins: *Le son vient de la clique.* **2.** Corja: *On n'a qu'une clique au gouvernement.* [clique: *déclic*].

clore t.d.; liter. Encerrar: *L'écrivain ne se presse pas à le clore.* [cloro: *chlore*].

cobra m. Naja: *C'est un cobra qui a mordu le pauvre indien.* [cobra: *serpent*].

coche m.; arc. Carruagem: *La dame s'approche lentement des bêtes et du coche.* [cocho: *abreuvoir*].

cochère adj. Portão de garagem: *Il passait par la cochère quand je l'ai vu.* [cocheira: *écurie*].

cochon m. Porco: *La bonne n'a pas acheté le cochon qu'on lui a demandé.* [colchão: *matelas*].

coco m. **1.** Benzinho: *Fais pas comme ça, mon coco.* **2.** Cara (pej.): *Le coco, près du comptoir, m'a paru très vieux.* **3.** Coca (de "cocaína" - fam.): *Entre les jeunes gens, le coco se passe souvent.* **4.** Comuna (de "comunista"): *J'en ai marre des cocos.* **5.** Ovo (ling. inf.): *La petite demande du coco à la bonne.* Cognato: coco. [cocô: *caca*].

cocotte f. **1.** Cocó (galinha - fam.): *Venez, cocottes, venez manger!* **2.** Panela de ferro: *Le chef de cuisine n'attend que sa cocotte.* **3.** Queridinha: *Ma cocotte arrive cet après-midi.* Cognato: cocota.

coeur m. **1.** Coração: *Il faut avoir un coeur joyeux chez nous.* f& *mal au coeur* = enjôo: *Monsieur l'Attaché avait mal au coeur.*

coffre m. Porta-malas: *On a tenté d'ouvrir le coffre de ma voiture.* f& *avoir du coffre* = ter ombros largos: *Tu n'avais pas de coffre comme ça, mon vieux!* Cognato: cofre.

collant adj.; fam. Pegajoso: *Il est trop collant pour moi.* Cognato: colante.

colle f. **1.** Castigo (na escola): *C'est ta fois d'être en colle.* **2.** Simulado (preparatório para exames - gír. escolar): *On a tous déjà passé une colle.* f& **1.** être à la colle (de alguém) = *estar grudado*; **2.** pot de colle = pegajoso: *J'ai connu aujourd'hui un pot de colle qui m'a beaucoup embêté.* **3.** vivre à la colle = morar junto. *Ils ont décidé de vivre à la colle.* Cognato: cola.

collègue s. Colega (de trabalho): *Je voudrais vous présenter ma collègue de bureau.* [colega (amigo): *ami*].

coller t.i.: Adaptar-se: *Henriette doit coller aux habitudes étranges de son mari*; t.d.: Colocar na parede (fam.): *Ça a été l'étudiant qui m'a collé cette fois*; int. **1.** Reprovar: *La commission pense coller tous le candidats.* **2.** Não pegar (ir bem - gír.): *Enfin tout colle!* Cognato: colar. [colar (gíria = copiar): *copier*].

collet m. **1.** Colo (bot.): *On peut déjà observer les collets.* **2.** Gola: *Louise préfère des collets en dentelle.* **3.** Paleta (carne): *Avez-vous acheté les deux collets qu'elle vous a demandés?* f& collet monté = nariz empinado: *Regarde le collet monté qui vient.* [colete: *gilet*].

colleter t.d. Pegar pelo colarinho: *Soudain, il l'a colleté et la dispute a commencé.* [coletar: *collecter*].

colloquer t.d. Inscrever (os credores - dir.): *Enfin les patrons de mon entreprise ont été colloqués.* [colocar: *mettre*].

coma m. Coma (med.): *Le coma m'a toujours fait peur.* [coma (mús.): *comma*; (cabeleleira): *chevelure*].

commande f. **1.** Encomenda, pedido: *Votre commande leur a déjà été envoyée.* **2.** Forçado: *Arrête ce sourire de commande.* Cognato: comando (de mecanismos). [comando (liderança): *commandement*; (grupo de combate): *commando*].

commander t.d. Encomendar, pedir: *Maintenant qu'est-ce qu'on va commander?* Cognato: comandar.

commando m. Comando (grupo de combate): *L'action du commando a été très efficace.* [comando (de mecanismos): *commande*]; (liderança): *commandement*].

commémoraison f; lit. Menção a um santo: *Le curé a promis de faire sa commémoraison.* [comemoração: *commémoration*].

commercial adj. 1. Comercial (do comércio): *L'effet commercial nous a surpris.* 2. Gerente de vendas: *On nous a présenté le nouveau commercial.* [comercial (propaganda): *réclame*].

commode f. Cômoda: *Il me faut absolument vider les commodes.* [cômodo (compartimento): *pièce*].

compère m. Comparsa: *Malgré tout, elle ne les considère pas de compères.* Cognato: compadre.

complet adj.; m. 1. Lotado: *Je n'ai pas pu prendre le train. C'était complet.* 2. Terno: *Il m'a dit que c'est un complet qu'il veut.* Cognato: completo.

complètement m. Completar: *Il lui indique un test de complètement.* Cognato: completamente.

compliment m. Cumprimento: *Les compliments faits, il leur reste discutir les couleurs de l'immeuble.* [comprimento: *longueur*].

comporte f. Balsa (para o transporte da uva colhida): *La comporte s'est rompue sous la force du courant.* [comporta: *écluse*].

composition f. Prova (escolar): *Le élèves ont fini les compositions du semestre.* Cognato: composição.

compter t.d.; int. Contar (calcular, considerar): *Vous pouvez tout compter sans problème.* [contar (narrar): *raconter*].

computation f. Computação (cômputo): *Le jeune garçon veut apprendre à faire de la computation.* [computação (ciência): *informatique*].

concert m. Acordo: *On va assister à un concert des nations jamais pensé.* Cognato: concerto (para orquestra e instrumento solista). [concerto (espetáculo musical): *concerto*].

concerto m. Concerto (para orquestra e instrumento solista): *Il n'a pas été invité au concerto.* [concerto (espetáculo musical): *concert*].

concret m. Concreto (real): *Le concret parfois nous coûte trop cher.* [concreto (para construção): *béton*].

condé m.; gír. Tira (policial): *Le condé a été reconnu pour ses faits.* [conde: *comte*].

conduite f. **1.** Condução: *La conduite de l'action gouvernementale était objective.* **2.** Encanamento: *La conduite chez moi est en panne.* **3.** Volante: *Prenez ferme la conduite et allez jusqu'au bout.* Cognato: conduta.

conduire t.d. Dirigir: *La jeune fille aime mieux regarder par la vitre que conduire.* Cognato: conduzir.

conquistador m. Conquistador (espanhóis que conquistaram a América): *Quels sont les conquistadors de ces pays?* [conquistador (vencedor): *conquérant*].

console f. Consolo (arq.): *Il insiste sur la présence de consoles au salon;* (mús.): *Vous devez faire plus attention au console avant de jouer;* (mobília): *Donne-lui la console qu'il t'en remerciera beaucoup.* [consolo (consolação): *consolation*].

consommer t.d. Consumar: *Il a enfin consommé son ouvrage.* Cognato: consumir.

constipation f. Constipação (prisão de ventre): *À cause de la constipation, Madeleine a manqué au cours.* [constipação (resfriado): *rhume*].

consulte f. Assembléia geral (na Córsega): *La consulte sera indiquée le mercredi.* [consulta: *consultation*].

consumer t.d. Consumir (lit.): *La douleur peut la consumer sans effort;* (pelo fogo): *Les appartements sont presque tous consumés.* [consumir (em outros registros): *consommer*].

contage m. Causa material do contágio (med.): *Le médecin ne sait pas déterminer le contage.* [contágio: *contagion*; contagem: *comptage*].

conte m. Conto: *Ces contes n'ont pas bien été élaborés.* [conta: *compte*].

conter t.d. Contar (histórias): *Mon grand-père me contait des histoires avant de dormir.* [contar (calcular): *compter*; (narrar fatos): *raconter*].

continence f. Continência (castidade): *Ils ont décidé de ne plus respecter la continence.* [continência (mil.): *garde-à-vous*].

continuo m. Contínuo (mús.): *Faisons attention au continuo qu'il a proposé.* [contínuo (sem interrupção) *continu*; (empregado de escritório): *garçon de bureau*].

contracté adj. Contraído (gram.): *Pour étudier ces énoncés on doit d'abord signaler les éléments contractés.* [contrato (ação de contratar): *contrat*].

contracter t.d. Contrair: *Ainsi vous allez contracter plus de dettes que vous pourriez.* Cognato: contratar.

convent m. Assembléia de maçons: *Il y aura lieu un convent à Nice.* [convento: *couvent*].

convict m. Convicto (criminoso preso ou deportado): *Considéré convict, il est aux travaux forcés.* [convicto (convencido): *convaincu*].

coppa f. Copa (tipo de salame): *Chez eux, il ne manquait que de la coppa.* [copa (compartimento da casa): *office*; (campeonato): *coupe*; (de árvore): *touffe*].

coque f. **1.** Casca: *Cette coque n'est pas très épaisse.* **2.** Casco (de navio): *Ils doivent réparer la coque.* Cognato: coque.

cor m. **1.** Calo, olho-de-perdiz: *Ces cors me gênent énormement.* **2.** Esgalho: *Les cors du cerf montrent son âge.* **3.** Trompa (mús.): *Il sait un peu trop utiliser les cors.* [cor: *couleur*].

cordon-bleu m. Exelente cozinheira: *C'est votre mère qui a besoin d'un cordon-bleu? Le voilà.* [cordão azul: *cordon bleu*].

corne f. Dobra (no canto de uma folha). *Le parties du livre les plus importantes sont indiquées par une corne.* Cognato: corno.

cornette f. Touca (de religiosas): *Encore aujourd'hui, il y a des religieuses qui portent des cornettes.* [corneta: *trompette*].

cornu adj. Chifrudo (que tem chifres): *On peut bien remarquer comme il est cornu, n'est-ce pas?* [chifrudo (fig.; vulg.): *cocu*].

corporal m. Corporal (relig.): *Il s'est penché sur le corporal pour cinq minutes.* [corporal (rel. ao corpo): *corporel*].

corps m. f& **1.** *à corps perdu* = de corpo e alma: *Je me suis jetée à corps perdu dans mon travail.* **2.** *à corps défendant* = contra a vontade: *Danielle va voyager à son corps défendant.* **3.** *un drôle de corps* = uma figura (um tipo curioso): *Ce jeune homme est un drôle de corps.* Cognato: corpo.

corrida f. **1.** Corrida (de touros): *La corrida a déjà commecée.* **2.** Luta (pop.: dificuldades): *Cette corrida: je ne peux plus...* [corrida: *course*].

cosmétique m. Gel (para cabelos): *Apporte-moi du cosmétique pour que je me coiffe.* Cognato: cosmético.

costume m. **1.** Terno: *C'est un beau costume que tu portes.* **2.** Traje: *Je ne sais pas quel costume t'indiquer.* [costume (hábito): *coutume*].

costumer t.d. Vestir (com certo traje): *Sa mère a l'intention de le costumer depuis le matin.* [costumar: *accoutumer, habituer*].

cou m. Pescoço: *Tant elle a gratté son cou qu'il est devenu tout rouge.* [cu: *cul*].

coupe f. **1.** Copa (campeonato): *Elle n'a jamais gagné aucune coupe.* **2.** Taça: *Joyeusement il se promène la coupe à la main.* [copo: *verre*].

courant adj.; m. Corrente (em curso): *Marleine participe au Congrès ce mois courant;* (habitual): *Cela appartient au langage courant, n'est-ce pas?;* (movimento): *Ils est nécessaire de couper le courant pendant dix minutes.* f& *au courant* = a par: *Tu ne peux pas rester au courant des événements sans les journaux.* [corante: *colorant;* corrente (objeto): *chaîne*].

course f. **1.** Compras: *À 3 h Marie-Thérèse va faire ses courses.* **2.** Corrida: *Ma fille aime faire la course à pied.* **3.** Percurso: *Je n'ai pas tellement bien compris quelle était la course qu'on devait suivre.* [curso: *cours*].

couvert m. **1.** Coberto, abrigo: *On n'a pas aimé ce couvert: il n'est pas bien du tout.* **2.** Talher: *Le couvert a déjà été distribué.* [couvert (petiscos): *hors d'oeuvre*].

crachat m. Escarro: *La pauvre trouvait le plancher plein de crachats.* Cognato: crachá [mais usual: *badge*].

craque f.; pop. Mentira deslavada: *Aller de Paris à Rome en une heure: c'est une craque!* [craque: *crack*].

créance f. Crédito: *Il lui est difficile de gagner une créance.* [criança: *enfant*].

crèche f. Manjedoura; presépio: *La crèche sera préparée pour ce Noël.* Cognato: creche.

créole adj.; 2gên. Crioulo (pessoa branca originária de colônias francesas nas Antilhas): *J'ai un grand ami créole que je ne vois pas depuis longtemps;* (sistema lingüístico): *Les créoles sont un peu difficiles à comprendre.* [crioulo (negro): *noir*].

crier int.; t.d. Gritar: *Pour crier il faut faire des efforts.* [criar: *créer*].

crochet m. **1.** Agulha de crochê: *Le crochet est derrière la boîte à coudre.* **2.** Colchete (sinal gráfico): *Mettez-ça entre crochets.* **3.** Gancho: *Je vais attacher ce crochet contre le mur.* **4.** Gazua: *Tu dois te servir d'un crochet pour l'ouvrir.* **5.** Presa (dente): *Il l'a atteint du crochet.* f& *vivre aux crochets de* = viver às custas de: *Rose vit aux crochets de ses parents.* Cognato: crochê.

cru m. **1.** Região: *Connais-tu les paysages de mon cru?* **2.** Vinhedo: *Les paysans aiment mieux travailler aux crus.* Cognato: cru.

crue f. **1.** Aumento: *Ce n'est pas la période de sa crue.* **2.** Cheia: *Les crues m'étonnent toujours.* Cognato: crua.

cuisine f. f& *faire la cuisine* = cozinhar: *Clotilde ne s'intéresse pas à faire la cuisine.* Cognato: cozinha.

cuisinière f. Fogão: *Son mari lui a payé très cher une cuisinière.* Cognato: cozinheira.

culotte f. **1.** Alcatra: *J'ai déjà montré la culotte à la bonne.* **2.** Bermuda: *Cette culotte le gêne un peu.* **3.** Calção: *Paul m'a dit qu'il n'a pas de culotte.* **4.** Calcinha: *Elle doit enlever sa culotte.* f& *trembler dans sa culotte* = tremer na base: *Avant l'examen, il a tremblé dans sa culotte.* Cognato: culote.

cupide adj.; liter. Cúpido: *Après tout ce qu'il a fait, on l'appelle cupide.* [cupido: *cupidon*].

cupule f. Cúpula (bot.): *Ce sont des fleurs violacées qu'on voit dans les cupules.* [cúpula (abóbada): *coupole*; (dirigentes): *sommet*].

curatif adj. Curativo: *La grand-mère va être soumise à un traitement curatif.* [curativo (s.): *pansement*].

cure f. Curato: *Le peuple a finalement obtenu la cure.* Cognato: cura (de curar). [cura (pároco): *curé*].

curer t.d. Limpar raspando: *Je n'arrive pas à la curer.* [curar: *guérir*].

cuspide f. Cúspide: *Il faut sentir la cuspide pour mieux la décrire.* [cuspida: *crachement*].

custode f. Custódia (relig.): *La pièce d'or volée a été trouvée dans la custode de l'église.* [custódia (guarda): *garde*].

dalle f. Laje: *On vient d'acheter les dalles que tu as demandées.* [dália: *dahlia*].

damas m. Damasco (tecido de seda): *Je fais broder ma robe en damas.* [damas (senhoras ou jogo): *dames*].

damner t.d. Condenar (relig.): *Dieu n'a pas fait l'homme pour le damner.* [danar: *causer du dommage, faire enrager, gronder*].

datte f. Tâmara: *Charlotte aime les dattes.* [data: *date*].

daurade f. Dourada (zool.): *Il m'avait dit qu'il aimait mieux les daurades.* [dourado (cor): *doré*].

débotter t.d. Descalçar: *La paysanne le débotte tous les soirs.* [desbotar: *décolorer*].

débouter t.d. Indeferir: *Le juge a débouté les demandes des ouvriers.* [debutar: *débuter*].

débrocher t.d. **1.** Tirar a carne do espeto: *Édouard, débroche la viande, s'il te plaît.* **2.** Desfazer uma brochura: *Pourriez-vous débrocher mon livre?* [desabrochar: *éclore*].

décor m. **1.** Decoração: *Votre salon a un beau décor.* **2.** Cenário: *Le décor de la pièce n'est pas encore prêt.* [decoro: *décorum*; de cor: *par coeur*].

décoration f. Condecoração: *L'armée l'a couvert de décorations.* Cognato: decoração.

décorer t.d. Condecorar: *Le général va décorer les meilleurs soldats.* Cognato: decorar (ornamentar). [decorar (saber de cor): *savoir, apprendre par coeur*].

décote f. Exoneração (sobre uma contribuição): *La décote a été critiquée par tous.* [decote: *décolleté*].

découpe f. Recorte (numa roupa): *Cette découpe est bien acceptée par les jeunes.* [desculpa: *pardon, excuse*].

dédale m. Dédalo: *Aujourd'hui ce n'est pas facile de trouver un dédale.* [dedal: *dé*].

défaite f. Derrota: *Te souviens-tu de la défaite des Allemands?* [desfeita: *offense, affront*].

DICIONÁRIO DE FALSOS COGNATOS | 57

défendre t.d. Defender (proibir): *Il est impossible de défendre la consommation du tabac.* Cognato: defender (*protéger*).

défense f. Proibição: *Il avait lu: "Défense de fumer".* Cognato: defesa.

défier t.d. Desafiar: *Je le défie pendant tout le temps.* [desfiar: *effiler*].

défier [se] pron. Desconfiar: *Elle se défie au premier mouvement.* [desfiar-se: *s'effiler*].

dégât m. Estrago, prejuízo: *Ce n'est pas grave. On n'a pas eu de dégâts.* [desgaste: *usure*].

dégoter t.d. Descobrir, encontrar: *Où Frédéric a-t-il dégoté ce blouson?* [desgostar: *déplaire*].

dégouter t.d. Enjoar, repugnar: *Ce plat me dégoute:* [desgostar: *déplaire*].

dégoutter int. Gotejar, pingar: *Après avoir couru, il dégoutte trop.* [desgostar; *déplaire*].

démancher t.d. Desencabar: *L'enfant veut démancher le balai.* [desmanchar: *défaire, démanteler*].

demande f. **1.** Pedido: *La demande d'emploi a été refusée.* **2.** Pergunta: *La demande des élèves était toujours: "Quand sera le test?".* f& *loi de l'offre et de la demande* = oferta e procura: *Les acheteurs respectent la loi de l'offre et de la demande.* Cognato: demanda (v. demandar).

démater t.d. Desmastrear: *L'ordre de démâter a déjà été donné.* [desmatar: *déboiser*].

demeure f. **1.** Estada, permanência: *Leur demeure en Provence a été agréable.* **2.** Habitação: *Hier j'ai connu sa demeure.* Cognato: demora.

dénatter t.d. Destrançar: *Maman, Lucie veut dénatter mes cheveux.* [desnatar: *écrémer*].

déparer t.d. Enfeiar: *Ce tableau dépare le salon.* [deparar: *tomber sur*].

dépense f. Despesa, gasto: *Marc a engagé une grosse dépense pour acheter cette voiture.* Cognato: despensa.

dépenser t.d. Despender, gastar: *Combien as-tu déjà dépensé?* [dispensar: *dispenser*].

déposer t.d. **1.** Depor, abdicar: *Le roi a déposé la couronne.* **2.** Depor, colocar: *Jules vient de déposer ses affaires sur la table.* **3.** Depor, destituir: *Le peuple a déposé le président.* **4.** Depor, testemunhar: *Il a déposé en faveur de son amie.* **5.** Depositar: *On doit déposer de l'argent à la Banque Nationale.* [desposar: *épouser*].

depuis adv.; prep. **1.** Desde então: *Le mois dernier, Claire l'a rencontré, mais pas depuis.* **2.** Há, desde: *Je le connais depuis huit ans.* [depois: *après, puis, ensuite*].

dérober t.d. **1.** Furtar (liter.): *Joseph a dérobé leur montre.* **2.** Roubar (fig.): *Alors, il lui dérobe un baiser.* **3.** Ocultar, dissimular: *Ses mots nous dérobent la vérité.* [derrubar: *renverser, terrasser*].

dérouter t.d. **1.** Tirar da rota: *L'avion a été dérouté par la tempête.* **2.** Desconcertar: *Yves se plaît à dérouter sa copine.* [derrotar: *faire subir une défaite*].

désastre m. Desastre, catástrofe: *Le tremblement de terre du Mexique a été un désastre.* [desastre (acidente): *accident*].

désastreux adj. Desastroso, catastrófico: *Le passage de l'ouragan a été désastreux.* [desastrado: *maladroit*].

descente f. Descida: *Les descentes sont dangereuses.* [decente: *décent, convenable*].

dessein m. Desígnio: *Qui connaît tous les desseins de Dieu?* f& *à dessein* = de propósito: *Je ne suis pas venu à dessein; à dessein de* = com o propósito de: *À dessein de l'accompagner, il l'a embrassée.* [desenho: *dessin*].

détente f. **1.** Expansão de um gás: *Attention à la détente du gaz.* **2.** Distensão, relaxamento: *Après le doctorat, Théophile a eu besoin d'une détente.* **3.** Gatilho: *Soudain, il a pressé la détente du révolver.* [detento: *détenu*].

dictame m. **1.** Dictamno (bot.): *Le dictame a une odeur très forte.* **2.** Bálsamo, consolo: *Le dictame de la nuit, ce sont les rêves.* [ditame: *dictamen*].

discuter t.d.; int. Conversar, trocar idéias: *Les amis discutent toujours pendant les repas.* [discutir, brigar: *disputer*].

disparate adj.; f. Discordante: *Ce mobilier classique est disparate dans cette moderne maison.* [disparate: *sottise, non-sens*].

distinct adj. Distinto, diferente: *Ce sont des problèmes distincts.* [distinto (elegante, digno): *distingué*].

dito adv. Idem: *Pour les femmes la fidélité. Dito pour les hommes.* [dito (ditado): *dicton*].

diviser t.d. **1.** Divisar, delimitar: *Il vous faut diviser le terrain.* **2.** Dividir: *Nathalie a divisé le gâteau en dix parties.* [divisar: *apercevoir, distinguer*].

donzelle f. Fulana (pej.): *Préfères-tu les femmes très sérieuses ou les donzelles?* [donzela (moça virgem): *demoiselle*].

doublage m.: **1.** Duplicação: *On fera le doublage de ces documents.* **2.** Revestimento: *Ils ont déjà préparé le doublage de ce chef-d'oeuvre.* Cognato: dublagem.

doubleur m. Repetente (aluno): *Il n'a jamais pensé être doubleur.* [dublê: *cascadeur, doublure*].

ébouriffer t.d. Despentear: *La petite fille a ébouriffé sa pauvre mère.* [esborrifar: *asperger*].

écot m. Cota: *En ce cas; l'écot est inévitable.* [eco: *écho*].

écritoire f. Escrivaninha: *Tu peux trouver tout ce qu'il faut pour écrire dans cette écritoire.* [escritório: *bureau*].

écriture f. Escrita: *Je ne connais pas l'écriture gothique.* Cognato: escritura.

écrivain m. Escritor: *Aimez-vouz les écrivains modernes?* [escrivão: *notaire*].

édicule m.; raro **1.** Oratório (pequena capela): *Les religieuses font leurs prières dans l'édicule.* **2.** Banheiro (em via pública): *Attends-moi un moment: je vais à l'édicule.* [edícula: *sem equivalência*].

égrenage m. Debulha: *Mois aussi, je vais participer à cet égrenage.* [engrenagem: *engrenage*].

égueuler t.d.; raro. Deteriorar: *Attention au puits: il est interdit de l'égueuler.* [esgoelar: *gueuler*].

élan m. Alce: *L'élan doit être protégé par tous.* Cognato: elã.

élégir t.d. Desbastar: *Il faut élégir ces dimensions.* [eleger: *élire*].

élévateur m. Elevador (músculo): *La dame a fait une chirurgie dans l'élévateur de sa paupière droite.* [elevador (máquina): *ascenseur*].

élever t.d. **1.** Educar: *Ils ont eu beaucoup de mal à élever cet enfant.* **2.** Criar: *On a décidé d'élever des poules.* Cognato: elevar, erguer.

emballer t.d. Embalar: *Il a emballé soigneusement les verres.* [embalar, ninar: *bercer*].

embouquer int. Embocar (na foz de um rio; num canal): *Les bateaux ont embouqué.* [embocar: *emboquer* ou *emboucher*].

embrasse f. Braçadeira (de cortina): *Cette embrasse ne sert plus à le retenir.* [abraço: *embrassade*].

embrasser t.d. Beijar: *Il m'a embrassé fortement.* Cognato: abraçar.

embrouiller t.d. Beijar: *Monsieur l'avocat l'a embrouillé sans cérémonies.* [embrulhar, empacotar: *envelopper*].

empâter t.d. **1.** Empastar: *Ce peintre empâte tous ses tableaux.* **2.** Engordar (aves): *Il faut empâter la volaille avant la vente.* [empatar: *égaliser*].

empatter t.d. Grampear: *Elles sont empattées comme il faut.* [empatar: *égaliser*].

empeigne f. Gáspea: *L'empeigne le gêne beaucoup.* [empenho: *engagement, effort*].

emporter t.d. Levar: *Il a emporté son secret à la tombe.* [importar: *importer*].

emprise f. Domínio: *Paulette exerçait son emprise sur tous.* [empresa: *entreprise*].

encaisser t.d. **1.** Encaixotar: *Marie, encaisse les bouteilles de vin.* **2.** Receber (dinheiro): *Je dois passer à la banque pour encaisser mes revenus.* **3.** Agüentar: *Le lutteur a bien encaissé les coups.* [encaixar: *emboîter*].

enfaîter t.d. Colocar o telhado de: *Il nous reste enfaîter la maison.* [enfeitar: *orner*].

enfant m. Criança, filho(a), menino(a): *Isabelle a trois enfants.* [infante: *infant*].

engainer t.d. Colocar na bainha: *Ils ont engainé le poignard.* [enganar: *tromper*].

engraissser t.d. Engordar: *Il engraisse du bétail pour la boucherie.* [engraxar: *cirer*].

engrosser t.d. Embarrigar (vulg.): *Le malin a engrossé la fillette.* [engrossar: *épaissir*].

enjeu m. **1.** Cacife: *C'est combien l'enjeu pour commencer la partie?* **2.** Risco: *Il faut penser aux enjeux de cette affaire.* [enjôo: *nausée*].

enjoué adj. Jovial: *Il avait un visage vif et énjoué.* [enjoado: *dégoûté*].

enlever t.d. **1.** Tirar: *Cette dame a enlevé son chapeau.* **2.** Raptar: *La fille du P.D.G. a été enlevée.* Cognato: enlevar.

enrôler t.d. **1.** Alistar: *Le gouvernement va enrouler des recrues.* **2.** Filiar-se: *Les étudiants se sont enrôlés au Parti Vert.* [enrolar: *enrouler*].

ente f. Enxerto: *Les entes sont généralement bien acceptées.* [ente: *être*].

entendre t.d. Ouvir: *As-tu entendu les cris des enfants?* Cognato: entender.

envier t.d. Invejar: *Attention aux bonnes qui envient leurs maîtres.* [enviar: *envoyer*].

errer int. **1.** Enganar-se: *Quand il s'agit d'argent, il n'erre jamais.* **2.** Vaguear: *Les jeunes vagabonds errent tous les soirs.* [errar (cometer erro): *commettre une faute*].

escarre f. Escara: *Les malades alités risquent d'avoir des escarres.* [escarro: *crachat*].

espada f. Espada (matador): *Ce toréador est devenu l'espada la plus connue de la région.* [espada (arma branca): *épée*].

esquif m.; liter. Esquife (embarcação): *Tiens, tiens! L'esquif s'approche du port.* [esquife (caixão): *cercueil*].

essence f. Gasolina: *L'essence est prête à finir.* Cognato: essência.

estoc m. Estoque (espada): *Il faut ranger les estocs jusqu'à demain.* [estoque (armazenamento): *stock*].

estrade f. Tablado: *Les vainqueurs du match sont montés à l'estrade.* [estrada: *route*].

étage m. Andar: *L'incedie a commencé au deuxième étage.* [estágio: *stage*].

étalage m. **1.** Exposição (de mercadorias): *Je vais à cet étalage cet après-midi.* **2.** Vitrina: *Les étalages ont été cambriolés.* [estalagem: *auberge*].

étaler t.d. Expor (mercadorias): *Les oeufs seront étalées au marché.* [estalar: *éclater*].

étique adj. Tísico, esquelético: *On ne l'imaginait pas étique.* [ético: *éthique*].

étoffer t.d. **1.** Enriquecer (fig.): *Vous pourriez bien étoffer cette critique.* **2.** Estofar: *Elle m'a donné le canapé à étoffer.* [estufar: *étuver*].

étude f. **1.** Escritório (de advogado, tabelião): *Madame Lambert est allée à l'étude du notaire.* **2.** Sala de estudos: *Les étudiants peuvent faire leurs devoirs à l'étude.* Cognato: estudo.

étranger m. Exterior (outro país): *Marie va souvent à l'étranger.* Cognato: estrangeiro.

éventail m. Leque: *Mon éventail est déchiré.* [avental: *tablier*].

expert m. Perito: *Les experts en informatique viennent d'arriver.* [esperto: *espiègle, éveillé, fin, vif etc.*].

expertise f. Vistoria: *Il nous manque l'expertise de ces machines.* [esperteza: *espièglerie*].

exprès adv. De propósito, intencionalmente: *Il est venu à Paris exprès pour voir sa maîtresse.* [expresso (trem): *express*].

exquisité m.; raro Requinte: *Belle, élégante, elle a vraiment de l'exquisité.* [esquisitice: *bizarrerie*].

extérieur m. Exterior, parte externa: *Restez à l'extérieur jusqu à 5 h.* [exterior, outro país, *étranger*]

facho adj.; m.; fam. Fascista: *Ils semblent tous guidés par le facho*. [facho: *flambeau, torche*].

facteur m. Carteiro: *Je ne connaît pas ce facteur*. Cognato: fator.

fada adj.; m.; fam. Doido: *Tout grand artiste est un peu fada*. [fada: *fée*].

fade adj. Insípido: *Cette sauce est assez fade*. [fada: *fée*].

fagot m. Feixe de lenha: *Les fagots sont entassés près du taudis*. f& *sentir le fagot* = cheirar a herege: *La vieille bigotte sent le fagot*. [fagote: *basson*].

fanfare f. Banda: *La fanfare municipale ne tarde pas à arriver*. Cognato: fanfarra.

fantasia f. Corrida de cavaleiros árabes: *La fantasia est prêt à commencer*. [fantasia: *fantaisie*].

fantasme m. Fantasma (imaginação): *Les fantasmes du passé le hantent*. [fantasma (aparição, aparência de): *fantôme*].

fard m. **1.** Fingimento: *Il faut que tu me parles sans fard*. **2.** tintura, maquilagem: *Le fard ne te va pas bien*. f& *piquer un fard* = ficar vermelho: *Très timide, il a piqué un fard*. [fardo: *fardeau*].

farder t.d. **1.** Dissimular, mascarar: *Elle sait farder ses attitudes quand il lui convient*. **2.** Maquilar: *Le maquilleur doit farder chacune des actrices*. [fardar: *habiller d'uniforme*].

faro m. Cerveja belga: *J'ai un faro spécial chez moi*. [faro: *flair*].

fauter int.; fam. Entregar-se (deixar-se seduzir): *Il l'a eue: elle a fauté*. [faltar: *commettre une faute, manquer*].

femme f. f& **1.** *femme de chambre* = camareira: *Cet hôtel va employer deux femmes de chambre*. **2.** *femme de charge* = governanta: *Ma mère a besoin d'une femme de charge pour surveiller notre villa*. **3.** *femme de ménage* = faxineira: *C'est la bonne qui fait le ménage quand la femme de ménage ne vient pas*. **4.** *sage-femme* = parteira: *Joël est né par les mains d'une sage-femme*.

feu m. **1.** Falecido: *Beaucoup de gens sont venus voir le feu.* **2.** Semáforo, sinal, sinaleiro: *Vous devez tourner à droite au deuxième feu.* f& **1.** a) *coup de feu* = a todo vapor: *Leur recherche est dans son coup de feu;* b) tiro: *Bernard a été mort par un coup de feu.* **2.** *n'avoir ni feu ni lieu* = não ter eira nem beira: *Divorcé, Vincent n'a maintenant ni feu ni lieu.* Cognato: fogo

féra f. Espécie de peixe (família dos salmônidas): *La semaine dernière, j'ai acheté quelques féras.* [fera: *fauve*].

ferrer t.d. Fisgar: *Le vieillard en a déjà ferré trois cet après-midi.* Cognato: ferrar.

fiasque f. Garrafão (revestido de palha): *Votre prix a été une fiasque.* [fiasco: *fiasco*].

fiche f. Estaca: *Ils ont enfoncé les fiches au sol.* Cognato: ficha.

ficher t.d. **1.** Botar para fora: *La femme a fiché son mari à la porte.* **2.** Derrubar: *Le petit garçon a fiché son jouet par terre.* **3.** Fazer: *Qu'est-ce qu'on a à ficher aujourd'hui?* **4.** Fincar: *Je vais ficher ces clous pour accrocher les tableaux.* **5.** pron. Zombar: *Il se fiche de tout le monde.* f& **1.** *être fichu* = estar frito: *Ton père sait que tu as menti: tu es fichu.* **2.** *ficher à quelqu'un la paix* = deixar alguém em paz: *Tu pourrais bien lui ficher la paix!.* **3.** *ficher dedans* = enganar: *Vous fichez votre femme dedans.* **4.** *ficher des coups* = dar golpes: *Le pugiliste vient de ficher de coups à son adversaire.* **5.** *ficher le camp* = dar no pé: *Souvent les bandits fichent le camp avant l'arrivé de la police.* **6.** *ficher son billet* = garantir: *Elle fiche son billet qu'il reviendra.* Cognato: fichar.

fiel m. Fel: *Le fiel ne plaît pas.* [fiel: *fidèle*].

fier [se] pron. Confiar, fiar: *Il encore se fie quand tous n'y croient plus.* [fiar (reduzir a fios): *filer;* (ser fiador): *cautionner;* (vender a crédito): *vendre à crédit*].

figue f. Figo: *Sophie n'a jamais goûté des figues.* f& *faire la figue à* = fazer gesto obsceno para: *Ils se disputaient et Jean a fait la figue à Jacques.* [figa (amuleto): *porte-bonheur*].

filer t.d. Fiar (reduzir a fios): *Il a filé les tissus à la main.* Cognato: filar (mar.). [filar (conseguir gratuitamente): *resquiller*].

fille f. Menina: *Toutes les filles de son âge aiment jouer à la marelle.* f& **1.** *fille d'honneur* = dama de honra: *La fille d'honneur de la princesse est très responsable.* **2.** *fille-mère* (pej.) = mãe solteira: *Josephine, fille-mère, a été expulsée par son père.* **3.** *jeune fille* = moça: *Il a choisi la plus belle des jeunes filles.* **4.** *petite fille* = menininha: *La petite fille a gagné une jolie poupée.* **5.** *petite-fille* = neta: *La grand-mère s'occupe de sa petite-fille.* **6.** *vieille-fille* = solteirona: *Aînée de 50 ans, Isabelle, une vieille-fille, vit seule.* Cognato: filha.

fils m. Filho(s): *Ils ont décidé de ne pas avoir de fils.* Cognato: fios.

fin adv. Completamente: *Elle est arrivée fin fatiguée.* [fim: *fin*: f.; fino: *fin*: adj.].

fine f. Aguardente (de qualidade superior): *La fine est admirée par eux.* [fina: *fine*: adj.].

fines f.pl. Hulha: *Les fines se trouvent facilement au Nord de la France.* [finas: *fines*: adj.].

flèche f. Tira de toucinho: *La bonne est allée acheter des flèches.* Cognato: flecha.

fluctuer int. Flutuar (vacilar): *Vos opinions fluctuent.* Cognato: flutuar [boiar, pairar): *flotter*].

foc m. Cutelo (mar.): *Le foc du navire a des problèmes.* [foco: *foyer*].

fond m. Fundamento: *Le fond de cette doctrine, c'est le matérialisme.* f& *faire fond sur* = contar com: *Les élèves peuvent faire fond sur leurs instituteurs.* Cognato: fundo.

fonder t.d. Fundamentar: *Il faut bien fonder votre raisonnement.* Cognato: fundar.

fonds m. Terras (propriedades): *Le paysan s'enrichit s'il sait cultiver un fonds.* Cognato: fundos.

fonte f. **1.** Fundição, derretimento: *Ces ouvriers travaillent à la fonte de l'acier.* **2.** Coldre: *La selle est pourvue de deux fontes.* [fonte: *fontaine*].

fonts m.pl. Pia batismal: *Le baptême a été réalisé autour des fonts.* [fonte: *fontaine*].

foret m. Verruma: *Il nous faut des forets pour faire ce qu'il a demandé.* [floresta: *forêt*].

fort adv. **1.** Alto: *Marie, répond plus fort.* **2.** Muito: *Il est fort aimable.* Cognato: forte.

fosse f. **1.** Fossa (cova; cavidade): *Ils ont été mis à la fosse.* **2.** Fosso: *Il est tombé dans la fosse.* [fossa (depressão moral): *cafard, déprime*].

fougue f. Arrebatamento: *As-tu vu la fougue de l'acteur?* [fuga: *fugue, fuite*].

fourrer t.d. Meter, socar: *Martine aime fourrer ses livres dans mon armoire.* Cognato: furar.

fracas m. Estrondo: *Avez-vous entendu ce fracas qui vient de dehors?* [fracasso: *échec*].

fracasser t.d. Despedaçar, fracassar: *Alors, la femme a fracassé son coeur.* [fracassar (ser malsucedido): *échouer*].

franchise f. Franquia: *Dans ce cas, la franchise est assurée.* Cognato: franqueza.

frasque f. Travessura: *Je me souviens vaguement de ces frasques-là.* [frasco: *flacon*].

frette f. Aro de metal (para reforço): *Les frettes sont indispensables à ces pièces.* [frete: *fret*].

frigidaire m. Geladeira: *Auguste, mets les oeufs au frigidaire.* [frigideira: *poêle*].

frondeuse adj.; f. Crítico, impertinente: *Moi, je n'aime pas les frondeuses.* [frondosa: *feuillée*].

fumier m. Esterco, estrume: *Elle l'a trouvé dans le fumier.* [fumeiro (local): *fumoir*].

fur m. f& **1.** *au fur et à mesure* = aos poucos: *Au fur et à mesure elle a accompli sa maîtrise.* **2.** *au fur et à mesure que* = à medida que: *L'adolescente devient gaie au fur et à mesure que le bal commence.*

gade m. Gálida (zool.): *Le nord de la France est riche en gades.* [gado: *bétail*].

gale f. Sarna: *La gale s'est emparée de son chien.* [gala: *gala*; galo (ave): *coq*; (inchação): *bosse*].

galle m. Galha (bot.): *On trouve souvent des galles.* [gala: *gala*; galo (ave): *coq*; (inchação): *bosse*].

gallérie f. Galleria (zool.): *Les ruches sont attaqués par des galléries.* [galeria: *galerie*].

gallo m. Dialeto da Bretanha: *Le gallo aujourd'hui a presque disparu.* [galo (ave): *coq*; (inchação): *bosse*].

gallon m. Galão (medida de capacidade): *J'aurais besoin de trois gallons, s'il vous plaît.* [galão (tira de tecido; sinal distintivo nas fardas): *galon*].

galon m. Galão (tira de tecido): *Ils sont ornés de plusieurs galons;* (sinal distintivo nas fardas): *Le général a des galons métalliques.* [galão (medida de capacidade): *gallon*].

galope f. Instrumento usado na encadernação: *Louis, il se sert très bien de la galope.* [galope: *galop*].

gamma m. 1. Gama (astr.): *Le gamma a été déterminé.* 2. Gama (fís.): *Son poids équivaut à 800 gammas.* 3. Gama (letra grega): *On écrit le gamma de deux façons.* [gama (mús.; série): *gamme*].

gamme f. Gama (mús): *Elle apprend les gammes au piano.* 2. Gama (série): *La technologie nous offre toute une gamme de produits.* [gama (astr.; fís.; letra grega): *gamma*].

gangue f. Ganga: *L'orfèvre les a entourés de gangue.* [gangue: *bande, gang*].

ganse f. Alamar: *La couturière a bordé des ganses.* [ganso: *jars*].

garce f.; vulg. Piranha, puta: *Les garces sont toutes près de la Seine.* [garça: *héron*].

garçon m. 1. Menino: *Parfois, les garçons au restaurant ne se portent pas bien.* 2. Moço: *Philippe est un joli garçon de 22 ans.* f& *vieux garçon* = solteirão: *M. Henriot est devenu un vieux garçon.* Cognato: garçon.

garçonnet m. Mocinho: *Les garçonnets sont partis.* [garçonete: *serveuse*].

garde f. Enfermeira: *Ce malade est veillé par une garde très compétente.* Cognato: guarda

garde-nappe m. Descanso de prato: *Les garde-nappes sont déjà sur la table.* [guardanapo: *serviette*].

garrote m. Garrote (pau usado para estrangular): *Il est venu chercher le garrote.* (torniquete): *Apportez-moi le garrote: Thomas est blessé.* [garrote (bezerro): *veau*].

gâteau m. Bolo, doce: *Les enfants aiment bien les gâteaux.* [gato: *chat*].

gatte f. Gata (mar.): *Les matelots sont près de la gatte.* [gata (zool.): *chatte*].

gazoline f. Éter de petróleo: *On obtient la gazoline dans cette section de l'usine.* [gasolina: *essence*].

gel m. **1.** Congelação: *Le gel a une durée relative.* **2.** Gelo: *Tous peuvent déjà remarquer l'effet du gel.* Cognato: gel.

gelée f. **1.** Geada: *En hiver, il est très facile d'avoir des gelées.* **2.** Geléia: *Le matin elle préfère des gelées.* Cognato: gelada.

gemme f. **1.** Gema (bot.): *Je viens de trouver huit gemmes.* **2.** Gema (min.): *Ils ont découvert plusieurs gemmes.* **3.** Gema (resina): *Il faut extraire la gemme.* [gema: *jaune d'oeuf*].

gemmer 1. int. Abrolhar, gemar: *On les a vues gemmer.* **2.** t.d. Sangrar (árvores): *Bernard les observe gemmer les arbres.* [gemer: *gémir*].

génie m. Engenharia: *Florence s'intéresse au génie.* Cognato: gênio, genialidade.

général m. Geral (relig.): *Il se présente comme le général de son ordre.* Cognato: general.

genre m. Gênero: *Ce genre est très difficile à comprendre.* [genro: *gendre, beau-fils*].

gentil m. Gentio: *Considéré gentil, Jean a été poursuivi.* [gentil: *gentil*: adj.].

gérer t.d. Gerir: *En bref, c'est lui qui va tout gérer.* [gerar: *enfanter, engendrer*].

gesse f. Cizirão (bot.): *Je lui ai déjà demandé de prendre les gesses.* [gesso: *plâtre*].

gilet m. Colete: *Tu peux m'apporter le gilet rouge?* [gilete: *lame de rasoir*].

girasol m. Girassol (min.): *Joseph cherche souvent des girasols.* [girassol (bot.): *tournesol*].

girie f. Lamúria, afetação: *Elle est un expert en giries.* [gíria: *argot*].

golfe m. Golfo: *Patrice vient d'arriver au golfe.* [golfe: *golf*].

gourde f.; adj. **1.** Cantil: *Le chevalier a oublié la gourde.* **2.** Pateta (fam.): *Elle est belle, mais gourde.* [gordo: *gros*; gorda: *grosse*].

goûter 1. t.d. Apreciar, degustar: *Il sait bien goûter un vin.* **2.** t.d. Experimentar: *Veux-tu goûter ce gâteaux?* **3.** int. Lanchar: *On va goûter à 3 heures.* [gostar: *aimer*].

goutte adv. Nada: *Elle ne voit goutte.* [gota: *goutte*, f.].

gouverneur m. Governante, governador (da nação): *Le gouverneur français est arrivé à São Paulo.* [governador (do Estado): *préfet*].

grade m. **1.** Grado (geom.): *Cet angle fait combien de grades?* **2.** Grau: *Quel est votre grade?* **3.** Patente: *Il est attiré par le grade de militaire.* [grade: *grille*].

graduation f. Graduação (divisão em graus): *Vous avez déjà vérifié cette graduation?* [graduação: *études supérieures*].

grand-mère f. Avó: *Madame Lacroix est leur grand-mère.* [grande mãe: *grande mère*].

grand-père m. Avô: *Je te présente mon grand-père.* [grande pai: *grand père*].

grands-parents m.pl. Avós: *Les grands-parents de Nicette sont déjà partis.* [grandes parentes: *grands parents*].

grange f. Celeiro, granja: *Maintenant on le trouve à la grange.* [granja (pequena propriedade rural): *ferme*; granja (aves): *poulailler*].

grau m. Desfiladeiro: *Il faut faire attention au grau.* [grau: *degré, grade*].

gravats m.pl. Caliça, entulho: *Après la démolition, il n'est resté que des gravats.* [gravatas: *cravates*].

graver t.d. Entalhar: *Jean-Luc ne sait pas bien graver son nom.* Cognato: gravar.

graveur m. Gravador (artista): *J'ai besoin de trouver un graveur allemand.* [gravador (aparelho): *magnétophone*].

gravide adj. Grávida, prenha (animais): *Je crois qu'elle est gravide.* [grávida (mulher): *enceinte, grosse*].

gravidité f. Gravidez: *C'est un cas de gravidité.* [gravidade: *gravité*].

grêler int. Cair granizo: *Il grêle depuis une semaine.* [grelar (germinar): *gemer*].

grenade f. Romã: *Une grenade vient de tomber par terre.* Cognato: granada

grève f. Margem, praia: *Il va à la grève cet après-midi.* Cognato: greve.

grille f. **1.** Grade: *Paul a sauté par-dessus la grille.* **2.** Grelha: *La grille est tombée dans le charbon.* **3.** Quadro: *Ils n'ont pas fait attention aux grilles.* [grilo: *grillon*].

grippe f. f& *prendre en grippe* = embirrar com: *Mon fils a pris en grippe le tien.* Cognato: gripe.

grisaille f. **1.** Monotonia: *Cette grisaille me trouble.* **2.** Pintura monocromática (tons de cinza): *Aux musée, je préfère les grisailles.* [grisalho: *grisonnant*].

grog m. Grogue (bebida): *Ce grog semble très fort.* [grogue (zonzo): *groggy*].

grosse adj.; f. **1.** Gorda: *Joseph aime les femmes grosses.* **2.** Grande: *Elle a besoin d'une grosse somme d'argent.* **3.** Grávida: *Les grosses vont souvent chez le médecin.* **4.** Grosa: *Combien de grosses avez-vous comptées?* **5.** Maiúscula: *Écrivez INTERDIT en grosses lettres.* Cognato: grossa.

grosserie f. Ferramentas fabricadas pelo serralheiro: *As-tu vu la grosserie de Monsieur le Taillandier?* [grosseria: *grossièreté*].

groupe m. Malote: *Aujourd'hui on n'a pas encore envoyé le groupe.* [grupo: *groupe*].

guère adv. Não muito: *On n'aime guère le cinéma.* [guerra: *guerre*].

gueule f. **1.** Boca (de animais carnívoros): *Les enfants préfèrent les crocodiles à la gueule fermée.* **2.** Boca (pop.): *Je te dis de fermer la gueule.* **3.** Cara: *Henri a une bonne gueule.* f& **1.** *fine gueule* = gastrônomo: *Il est devenu une fine gueule.* **2.** *gueule d'amour* = paquerador: *Il fait mine de gueule d'amour.* Cognato: goela.

habillement m. Vestuário: *L'habillement des artistes est dessiné par Dior.* [habilmente: *habilement*].

habit m. Hábito (roupa): *Gisèle préfère les habits sérieux.* [hábito (costume): *habitude*].

hâle m. Cresta (queimado, tostado, bronzeado): *Le hâle de sa peau le rend magnifique.* [halo: *halo*].

halle f. Entreposto, mercado: *La halle au maïs est au centre ville.* [halo: *halo*].

hasard m. Acaso: *Si par hasard tu passes par Paris, viens me voir.* Cognato: [azar: *jeu de hasard*].

haver t.d. Escavar: *Les mineurs vont haver la montagne.* [haver: *y avoir*].

hère m. **1.** João-ninguém: *Alphonse est un pauvre hère.* **2.** Veado jovem: *Il est défendu d'abattre les hères.* [hera: *lierre*].

hocco m. Mutum (zool.): *Les hoccos sont connus en Amérique.* [oco: *creux*].

hongre m. Capão (zool.): *Les hongres ne servent plus à procréer.* [húngaro: *Hongrois*].

hospice m. Asilo (de velhos, crianças abandonadas): *Ces vieillards abandonnés sont accueillis à l'hospice.* [hospício (manicômio): *asile*].

hôtel m. Palácio: *Voici les photos de l'hôtel de l'empereur.* f& **1.** Hôtel de Ville = Paço municipal: *Les autorités sont toutes à l'Hôtel de Ville.* **2.** Hôtel Dieu = Santa Casa: *Je te ferai visiter l'Hôtel Dieu.* **3.** Hôtel particulier = mansão: *Mes amis suisses habitent un hôtel particulier.* Cognato: hotel.

humeur f. **1.** Humor (fisiol.): *L'une des humeurs fondamentales est la bile.* **2.** Humor (temperamento): *Ninon, aujourd'hui, est de bonne humeur.* [humor (veia cômica): *humour*].

humour m. Humor (veia cômica): *Il faut chercher l'humour pour mieux vivre.* [humor (líquido, temperamento): *humeur*].

DICIONÁRIO DE FALSOS COGNATOS | 73

ilote m. Hilota (escravo espartano): *La vie des ilotes fut pénible.* [ilhota: *îlot*].

iman m. Imame (rel. aos muçulmanos): *Il est en train de chercher des imams.* [ímã: *aimant*].

impair m. Gafe: *Il faut bien penser pour ne pas commetre un impair.* f& *faire un impair* = dar um fora: *À peine il avait commencé son discours, il a fait un impair.* Cognato: ímpar.

impasse f. Beco sem saída: *La rue du Bac finit par une impasse.* Cognato: impasse.

imposte f. Imposta (arq.): *Les impostes d'une arcade sont généralement élevées.* [imposta: (adj.): *imposée;* imposto: *impôt*].

imprésario m. Empresário (de um artista): *L'imprésario du pianiste a bien travaillé pour ces concerts.* [empresário (homem de empresa): *entrepreneur*].

indium m. Índio (quím.): *L'indium est considéré rare.* [índio (silvícola): *indien*].

indole m. Indol (quím.): *Ce produit n'a pas d'indole.* [índole: *caractère*].

intérieur m. Lar: *C'est une jeune fille d'intérieur.* Cognato: interior (parte interna). [interior (oposição a capital): *province*].

jacquet m. Esquilo: *Par la fenêtre de nos chambres, on voit souvent des jacquets.* [jaqueta: *jaquette*].

jambe f. Perna: *La jambe de Cathérine est blessée.* [jambo: *jambose*].

jante f. Aro: *Il faut réparer la jante, n'est-ce pas?* [janta: *dîner*].

jarre 1. f. Jarro, pote: *Mettez de l'huille dans la jarre.* **2.** m. Pêlo (misturado à lã dos carneiros): *Ne jette pas les jarres par terre.* [jarra: *carafe*].

jaser int. Tagarelar, falar demais (fig.): *On a vu la jeune fille jaser.* [jazer: *gésir*].

jatte f. Tigela: *Remplissez-moi cette jatte.* [jato: *jet*].

joie f. Alegria: *La joie de la reine, ce sont ses gouvernés.* [jóia: *bijou*].

journée f. Dia: *Ma journée de travail commence à 6 h.* Cognato: jornada.

judas m. Fresta: *On peut apercevoir nos ennemis à travers le judas.* Cognato: Judas.

jument f. Égua: *Le propriétaire de la ferme a acheté cinq juments.* [jumento: *âne*].

jus m. Suco: *Veux-tu faire des jus?* [jus: *droit*].

kouros ou **couros** m. Estátua grega (representando um jovem): *Un kouros n'est vu qu'en Grèce.* [couro: *cuir*].

kola ou **cola** m. Cola (árvore): *On a semé du kola dans la région au nord du fleuve.* [cola (goma) [*colle*].

là adv. Aqui: *Monsieur Arnaud habite là. Voulez-vous entrer?* Cognato: lá.

labour m. Lavoura: *Au milieu de son labour, il est tombé fiévreux.* Cognato: labor, trabalho.

labrador m. **1.** Cão de caça: *Mes labradors sont très intelligents.* **2.** Feldspato (min.): *La région est pleine de labrador.* [lavrador: *laboureur*].

ladre adj.; liter. Avaro: *Si vous avez beaucoup d'argent, vous risquez d'être ladre.* [ladra: *voleuse*].

laiton m. Latão: *Il nous reste seulement couper les laitons.* [leitão: *cochon*].

laitue m. Alface: *Mon fils ne mange jamais de laitue.* [leitoa: *truie de lait*].

lama m. **1.** Lama (relig.): *Le lama ne gêne personne.* **2.** Lhama (zool.): *Des singes sont tombés sur le lama.* [lama, barro: *boue*].

lame f. **1.** Lâmina: *Ces lames sont sales. Attention!* **2.** Onda: *Dans les mers d'Afrique on trouve beaucoup de lames.* [lama, barro: *boue*].

lamento m. Lamento (mús.): *D'ici on ne peut pas très bien entendre le lamento.* [lamento, lamúria: *plainte*].

lance f. Lança: *Merci des lances que vous m'avez données.* [lance (fam.): *coup, épisode, jet*; (de escada): *volée*].

landau m. Carrinho de rolemã: *Ce n'est pas ma faute... le landau est tout cassé.* Cognato: landau.

lanterne f. Lanterna (de carro): *Je viens d'acheter une nouvelle lanterne.* [lanterna (de mão): *falot*].

lapis m. Lápis-lazúli (min.): *Les pièces travaillées au lapis sont bien chères.* [lápis (para escrever, riscar): *crayon*].

laps m. Lapso (de tempo): *Tout cela dans un laps très court.* [lapso (de linguagem ou de memória): *lapsus*; lápis: *crayon*].

DICIONÁRIO DE FALSOS COGNATOS | 81

lapsus m. Lapso (de linguagem ou de memória): *Remarques le lapsus que tu as fait.* [lapso (de tempo): *laps*].

laqué adj. Laqueado: *Ma fille aime mieux tout laqué.* [laquê: *laque*].

lare m. Lar (mitol.): *Sous la protection de notre lare, nous habitions tranquilles.* [lar (habitação): *foyer*].

large **1.** adj. Aberto: *Hélène est une jeune fille à une large conscience.* **2.** adj. Exageradamente: *Ne laisse jamais les portes larges ouvertes.* **3.** adj. Grande: *Il a participé à un large congrès.* **4.** m. Largura: *Mon cabinet de travail a 3 m de large.* Cognato: largo.

largo adv.; m. Largo (mús.): *J'ai déjà répété cinq fois le largo.* [largo (amplo): *large*].

largue adj. Largo (vento marítimo): *Il nous fallait observer le vent largue tous les mois.* [largo, amplo: *large*].

lascar m. **1.** Decidido: *Être lascar me semble essentiel.* **2.** Espertalhão: *J'ai connu le lascar dont tu m'as parlé.* [lascar: *écorner*].

lasso m. Laço (para laçar animais): *Marcel se refuse à s'occuper des lassos.* [lasso: *lâche*].

latte f. Ripa: *Ils vont ramasser les lattes et les percer.* [lata: *boîte*].

légal adj. Legal (pela lei): *Ce que vous avez fait n'est pas légal.* [legal (gír.): *chouette, super*].

légende f. **1.** Legenda: *Regardez la légende pour mieux comprendre.* **2.** Lenda: *Ce film est basé sur une belle légende.* [legenda (de filmes): *soustitre*].

légume f.; pop. Figurão: *Monsieur le Maître est une grosse légume.* Cognato: legume.

lemme m. Lema (filos.): *Tout d'abord on doit être attentif au lemme.* [leme: *gouvernail*; lema, máxima: *devise*].

lente adj. **1.** Lêndea: *Vous devez cherchez des lentes encore aujourd'hui.* **2.** Lenta: *Les lentes ne sont pas bien considérées.* [lente: *lentille*].

lentille f. Lente: *Mon père vend des lentilles importées.* Cognato: lentilha.

lento m. Lento (mús.): *J'aime mieux le lento.* [lento, vagaroso: *lent*].

lettre f. Carta: *Antoinette te demande de lui envoyer une lettre.* Cognato: letra (do alfabeto). [letra (de música): *parole*].

levant adj.; m. **1.** Levante (astr.): *Tous les matins, on peut admirer le levant.* **2.** Levante (geog.): *Le Levant attire l'attention des Occidentaux.* [levante, motim: *révolte*].

lest m. Lastro: *Les matelots observent attentivement le lest avant le départ.* [leste: *est*].

leste adj. **1.** Lesto: *Ce veillard est encore leste.* **2.** Leviano: *Les lestes ne me plaisent pas.* [leste: *est*].

lever 1. t.d. Encerrar: *C'est à vous de lever la séance.* **2.** t.d. Erguer, levantar: *Levez-moi les ouvrages de cette table.* **3.** t.d. Recolher: *Ils ont annoncé qu'on va lever un autre impôt.* **4.** t.d. Suprimir: *La punition a été levée hier soir.* **5.** int. Crescer: *La pâte n'est pas bien levée.* **6.** int. Germinar: *Ses idées lèvent avant les nôtres.* [levar: *porter, emporter, mener, amener, emmener*]. Cognato: levar (consigo).

lèvre f. Lábio: *Elle blesse souvent ses lèvres.* [lebre: *lièvre*].

libre adj.; m. Livre: *Les libres sont assujettis aux poursuites.* [libra (moeda): *livre;* (zod.): *balance*, m.].

licence f. **1.** Licença (no ensino): *Il a déjà obtenu sa licence en Droit.* **2.** Licença (permissão para exercer atividades): *La licence de pêche nous a été interdite.* [licença (afastamento na profissão): *congé*].

licencié m. Profissional (esportes): *Ce joueur n'est pas licencié.* Cognato: licenciado.

licencier t.d. Despedir: *Le patron vient de décider de licencier cent ouvriers.* [licenciar (dar uma licença): *accorder une licence*].

lieue f. Légua: *Après avoir marché des lieues, je t'ai trouvé.* [lugar: *lieu*].

ligue f. Liga, aliança: *La ligue sera bientôt défaite.* [liga (de metais): *alliage;* liga (de meia): *jarretelle*].

liguer t.d. Aliar: *Leur groupe va se liguer contre le vôtre.* [ligar (unir): *lier;* ligar (telefonar): *appeler;* ligar (aparelhos): *allumer, brancher*].

limon m. Limo: *Cette terre-là a beaucoup de limon.* [limão: *citron*].

limonade f. **1.** Boteco: *Francine trouve les limonades super.* **2.** Soda limonada: *Je ne commande jamais une limonade.* [limonada: *citronnade*].

linceul m. Mortalha: *Il est déjà là, sur le linceul.* [lençol: *drap*].

lise f. Areia movediça: *Attention aux zones de lise.* [liso: *lisse*].

livre f. **1.** Libra (moeda): *Il nous manque une livre.* m. **2.** Livro: *Henri a trois cents livres.* [livre: *libre*].

livrer t.d. Entregar: *Les voisins l'ont livré aux bandits.* [livrar: *délivrer*].

lobe m. Lobo (anat.; bot.): *Nous avons à décrire les lobes.* [lobo (zool.): *loup*].

loge f. **1.** Camarim: *Les actrices se trouvent dans les loges.* **2.** Camarote: *Le public remplit toutes les loges.* **3.** Casa (do zelador): *Le concierge n'est pas à la loge.* **4.** Célula (bot.): *Les graines de la pomme sont dans les loges.* **5.** Choupana: *Mendiant, il habitait une loge.* **6.** Galeria (arquit.): *La loge de l'immeuble a été atteinte par la bombe.* [loja: *boutique, magasin*]. Cognato: loja (maçônica).

longe f. **1.** Lombo: *Je peux partager cette longe. Veux-tu?* **2.** Loro (correia ou tira de couro): *Vous devez écourter la longe.* [longe: *loin*].

longtemps adv. Muito tempo: *Je t'ai longtemps attendu.* [longo tempo: *temps long*].

lotte f. Peixe-pescador: *On a l'intention d'acheter dix lottes.* [lote: *lot*].

louve f. Loba: *Elle a vu une louve grise.* [luva: *gant*].

lucre m.; pej. Lucro: *Le patron ne pense qu'au lucre.* [lucro: (acepção positiva): *profit*].

lunettes f. pl. Óculos: *Sans ses lunettes, le professeur ne lit rien.* Cognato: lunetas.

louche adj. **1.** Vesgo: *Il est un peu louche, mais encore très charmant.* **2.** Suspeito, duvidoso: *Il lui jette des regards louches.* m. **3.** Contestável: *Je crois que tu as eu une attitude vraiment louche.* **4.** Concha (utensílio): *Chez elle, il n'y a pas de louche.* [luxo: *luxe*].

loueur m. Locador: *Ce loueur ne me laisse pas dormir.* [luar: *clair de lune*].

macaque m. Macaco (do gênero *macaca*): *Les macaques sont très lourds.* Cognato: macaco (designação comum dos primatas): *singe*. [macaco (para levantar pesos): *cric*].

macaron m. **1.** Button, condecoração: *Ils ont reçu des macarons hier soir.* **2.** Maçapão: *Thomas aime manger le macaron.* **3.** Pancada (pop.): *Il a eu un macaron à la tête.* Cognato: macarrão: *macaronis, spaghetti*].

mâche f. Erva-benta: *Notre jardin est plein de mâches.* [macho: *mâle*].

machiniste m. Contra-regra: *Le machiniste est arrivé en retard.* Cognato: maquinista (mais usual): *mécanicien*].

maçon m. Pedreiro: *Je cherche un bon maçon.* Cognato: maçon.

maillot m. **1.** Cueiro: *Ce maillot semble serrer l'enfant.* **2.** Malha: *Ce magasin vend des maillots.* **3.** Uniforme (de times esportivos): *Le maillot de Zidane est très beau.* Cognato: maiô.

maîtrise f. **1.** Domínio: *Il faut avoir une bonne maîtrise en anglais.* **2.** Trabalho de conclusão de curso universitário: *Je finirai ma maîtrise dans une semaine.* [mestrado: *master*].

mal m. Dor: *Ma nièce a mal à l'estomac.* f& **1.** mal du pays = nostalgia, saudade: *Frédéric est parti mais il a le mal du pays;* pas mal = a) muito: *On a connu pas mal de gens.* b) nada mal: *Ce type! Pas mal...* **2.** s'en tirer pas mal = sair-se bem: *Toujours elle s'en tire pas mal.* Cognato: mal.

mais conj. Mas: *Ce n'est pas ma faute, mais la tienne.* [mais (adv.): *davantage, encore, plus*].

maïs m. Milho: *Il veut toujours du maïs à sa ferme.* [mais (adv.): *davantage, encore, plus*].

maître adj.; m. **1.** principal: *On doit connaître ses mots maîtres.* **2.** Dono: *Il se dit maître du monde.* **3.** Doutor: *Maître Leman viendra bientôt.* **4.** Patrão: *Ce maître est très gentil envers ses domestiques.* **5.** Proprietário: *Les maisons à la banblieue n'ont pas de maîtres.* f& maître d'hôtel = mordomo: *Il est devenu un excellent maître d'hôtel.* Cognato: mestre.

majeur adj.; m. Maior (mais importante): *J'ai besoin d'une raison majeure pour l'accepter*; (que atingiu a maioridade): *Quand tu deviens majeur, tu y iras*. [major: *major*].

major adj. **1.** Maior: *Il faut s'adresser à l'état-major*. m. **2.** Mor: *L'infanterie a besoin d'un chirurgien-major*. Cognato: major.

malandre f. **1.** Malandres (zootéc.): *On va traiter la malandre*. **2.** Podre (madeira): *Les malandres ne servent à rien*. [malandro: *galopin, vaurien, voyou*].

mâle adj.; m. Macho: *Les mâles ont toujours quelques secrets*. [mala: *malle, valise*].

mameluk ou **mamelouk** m. Mameluco (soldado egípicio): *Plusieurs mameluks s'approchent de la ville*. [mameluco (mestiço de índio com branco): sem equivalente].

mana m. Mana (poder sobrenatural): *J'ai connu ses manas*. [mana (irmã): *frangine*; maná: *manne, aubaine* (fig.)].

manche f. **1.** Manga (vestuário): *Cette robe a de grandes manches*. m. **2.** Mangueira: *Il m'a fait observer la manche du ballon*. **3.** Cabo (de um objeto): *Elle doit d'abord réparer les manches*. f& **1.** *avoir qqn. dans sa manche* = ter alguém na palma da mão: *Lui? Je l'ai dans ma manche*. **2.** *branler dans le manche* = tremer nas bases: *Elle t'a fait branler dans le manche, n'est-ce pas?* **3.** *c'est un autre paire de manches* = são outros quinhentos: *Vos raisons? C'est une autre paire de manches*. **4.** *faire la manche* = passar o chapéu: *Ils ont l'habitude de faire la manche*. **5.** *jeter le manche après la cognée* = entregar os pontos: *Tu ne peux pas jeter le manche après la cognée*. **6.** *quel manche!* = que imbecil: *Monsieur le directeur, quel manche!* [mancha: *tache*].

mander t.d. mandar vir: *Le président a mandé le premier ministre*. [mandar: *envoyer; faire faire*].

manchette f. **1.** Manga postiça: *Je préfère les manches aux manchettes*. **2.** Punho de renda: *Tes manchettes sont très délicates*. Cognato: manchete.

mangue f. Manga (fruta): *Martine va couper les mangues vertes*. [manga (vestuário): *manche*; mangue: *marais*].

manille f. Manilha (argola): *Le forçat a rompu la manille*. (charuto): *En arrivant chez moi, il m'a apporté des manilles*; (jogo): *Et si l'on fait une manille?* [manilha (cano): *tuyau*].

manger t.d. Comer: *Tu manges trop vite, Lucie.* [manjar (compreender, observar): *épier, piger*].

manger m. Comida: *Le manger est à la table.* [manjar (iguaria): *mets, blanc-manger*].

manquer 1. int. Falhar: *Ses tentatives ont manqué.* **2.** int.; t.ind. Faltar: *Quelques fois, mes élèves manquent; Il te manque de patience.* **3.** t.d. Errar: *Attention à ne pas manquer le but.* **4.** t.d. Perder: *Il vient de manquer le car.* [mancar: *boiter, crocher*].

manse f. ou m. Pequeno feudo: *Il s'occupait patiemment du manse.* [manso: *doux, apprivoisé* (animal)].

mante f. Louva-a-deus (zool.): *Son corps était couvert de mantes.* Cognato: manto. [manta: *couverture*].

marchand m. Comerciante, negociante, vendedor: *Il ne veut pas devenir marchand comme son père.* [marchante: *marchand de bestiaux*].

marche f. Degrau: *Suivez les marches jusqu'au bout.* Cognato: marcha (passo, desenvolvimento).

marmite f. Caldeirão, panela: *Fais cuire la viande dans la marmite.* Cognato: marmita.

marmotte f. Marmota (zool.): *Regarde la marmotte qui cherche à se cacher.* f& *dormir comme une marmotte* = Dormir como uma pedra: *Henri dort comme une marmotte.* [marmota (pessoa malvestida): *chamarrure*].

maroquin m. Marroquim: *J'ai trouvé un beau maroquin.* [marroquino: *marocain*].

marron adj.; m. **1.** Castanha: *Charles adore les marrons.* **2.** Pancada (pop.): *On vous a donné des marrons.* [marrom: *brun*].

mas m.; reg. **1.** Casa de campo: *Madame Blanc habite un château et un mas, Madame Bayard.* **2.** Fazenda: *Il n'aime pas travailler au mas.* [mas: *mais*].

mascara m. Rímel: *Elle a déjà mis le mascara.* [máscara: *masque*].

masquer t.d. **1.** Esconder, ocultar: *Je lui ai dit de masquer la glace quand il pleut fort.* **2.** Mascarar, dissimular: *Désespéré il a masqué le morceau du papier avec les résultat.* [mascar: *mâcher, mastiquer*].

mater t.d. **1.** Dar xeque-mate: *Aux échecs, il me mate souvent.* **2.** Domar (fig.): *Le directeur devrait mater la crise universitaire.* **3.** Espiar: *Laisse de le mater, s'il te plaît!* **4.** Macerar: *Il fait mater les métaux avant.* [matar: *tuer*].

matraque f. Matraca (arma argelina): *Il cherche partout sa matraque.* [matraca (tagarela): *bavarde, jaseur;* matraca (zombaria): *moquerie, raillerie*].

mécanicien m. Maquinista: *Ce mécanicien travaille à la gare d'Austerlitz.* f& *mécanicien-dentiste* = protético: *Le travail continue maintenant par le mécanicien-dentiste.* Cognato: mecânico.

médiante f. Mediante (mús.): *Ce compositeur ne sait pas bien travailler la médiante.* [mediante (prép.): *moyennant*].

mêler t.d. Misturar: *Il aime mêler le sucré et le salé.* [melar: *emmieller*].

mémoire m. Conta: *Ça fait un mémoire de mille francs.* Cognato: memória.

menteur adj.; m. Mentiroso: *C'est le menteur le plus convaincant.* [mentor: *mentor*].

mercerie f. Bazar: *Jean-Claude est allé acheter des boutons à la mercerie.* [mercearia: *épicerie*].

mesa f. Mesa (geol.): *Il n'est resté qu'une grande mesa.* [mesa (objeto): *table*].

mesure f. Medida: *Il faut prendre ses mesures.* Na expessão *être en mesure* = estar em condições de: *Notre maison est en mesure de vous recevoir.* [mesura: *révérence, salut*].

métro m. Metrô: *Il a pris tous les métros de Paris.* [metro: *mètre*].

mettre t.d. Colocar, pôr: *Sa robe, elle a envie de la mettre ce soir.* [meter (vulg.): *baiser, foutre*].

midi m. Sul: *Joël va vers le midi dimanche.* Cognato: meio-dia.

mil 1. num. Mil (em datas): *Il est né en mil neuf cent trente.* **2.** m. Sorgo: *On s'habitue au mil sans effort.* [mil (para quantidade): *mille*].

mille m. Milha: *Marc doit compléter un mille.* Cognato: mil.

milliard m. Bilhão: *Des milliards de gens vivent dans ce monde.* [milhar: *millier*].

mimosa m. Mimosa (bot.): *Les mimosas se trouvent à la campagne.* [mimosa (delicada, graciosa): *délicate, gracieuse, mignone*].

miche f. Micha: *Elle ne veut plus de miches.* [mixa: *insignifiante*].

mine f. Aparência, cara, fisionomia: *Enfin, ils ont montré leurs mines.* f& **1.** *faire grise mine* = fazer cara feia: *Attention: le marchand peut faire grise mine.* **2.** *faire mine de* = fingir: *Françoise a fait mine de pleurer.* **3.** *mine de rien* = sem parecer: *Elle le séduit mine de rien.* **4.** *ne pas payer de mine* = ter aspecto ruim: *Tu ne trouve pas qu'il ne paie pas de mine?* Cognato: mina.

minerai m. Minério: *Ces minerais entrent dans la composition.* [mineral: *minéral*].

mineur m. Minerador: *Ils sont partis chercher les mineurs.* Cognato: menor.

missel m. Missal: *On a perdu le missel.* [míssil: *missile*].

mite f. **1.** Ácaro: *J'ai reconnu la mite du haricot.* **2.** Traça: *Les mites sont partout chez eux.* [mito: *mythe*].

moche adj. Feio, mixo: *Ces taureaux sont tous moches.* [mocho (adj.): *écorné;* mocho (m.): *chat-huant, hibou*].

moelle f. Medula: *Sa moelle est très grasse.* [moela: *gésier*].

môle f. **1.** Mola (pat.): *Elle a constaté une môle dans son utérus.* **2.** Mole (arq.): *Ce travail deviendra une môle.* **3.** Peixe-lua: *Luc a pris plusieurs môles.* [mole (adj.): *mou, tendre, lâche;* mola (peça elástica): *ressort*].

mollard m.; pop. Escarro: *Les mollards sentent très mauvais.* [molar: *molaire*].

mollet m. Barriga da perna: *Les gamins lui ont donné un coups de pied dans les mollets.* [muleta: *béquille*].

mollusque m.; fam. Lesma (fig.): *Que cette bonne est un vrai mollusque.* Cognato: molusco.

môme 2 gên.; fam. **1.** Criança: *Ma môme me manque.* **2.** Moça, mulher: *Où est ta môme?* [momo: *représentation mimique*].

monachisme m. Monasticismo: *Il a toujours été attiré par le monachisme.* [monarquismo: *monarchisme*].

mondaine adj.; f. **1.** Da alta sociedade: *La vie mondaine lui plaît.* **2.** Mundana (relig.): *Profane, elle s'attache à la vie mondaine.* [mundana (meretriz): *prostituée*].

monitor m. Monitor (mar.): *Les monitors américains ont attaqué leurs ennemis.* [monitor (guia, aparelho eletrônico que comanda outros aparelhos): *moniteur*].

monition f. Admoestação (relig.): *On lui a adressé une monition avant-hier.* [munição: *munition*].

monter int. Subir: *Il n'a pas voulu monter chez elle.* Cognato: montar.

moral m. Moral (plano espiritual): *Pierre l'a quittée: son moral est à zéro.* [moral (f. filos.): *morale*].

morne adj. Abatido: *Je ne l'aime pas morne.* [morno: *tiède*].

morose adj. Casmurro: *Ce type me semble très morose.* [moroso: *lent*].

morte f. Morta: *Le vieillard a peur de la morte.* [morte (f.): *mort*].

mot m. f& **1.** *au bas mot* = no mínimo: *Au bas mot, il devrait avoir accompli ce travail.* **2.** *bon mot* = dito espirituoso: *Il se donne aux bons mots.* **3.** *gros mot* = palavrão: *Vous les avez interdit de dire de gros mots.* **4.** *toucher un mot* = dar uma palavrinha: *On a besoin de lui toucher un mot.*

motoriste m. Especialista em motores: *Cet accident est dû à la faute du motoriste.* [motorista: *chauffeur*].

motte f. Terrão: *Le paysan a écrasé les mottes.* [moto: *moto*].

mouillère f. Brejo: *Il veut trouver des mouillères pour sa recherche.* [mulher: *femme*].

moule f. **1.** Mexilhão: *Elle est allée acheter des moules.* m. **2.** Molde, fôrma: *À quoi servent ces moules?* [mula: *mule*].

mousse f. Musgo (bot.): *Jean-Claude regarde les mousses par terre.* Cognato: musse.

mousse m. Grumete (mar.): *Ils ont renversé le mousse.* [musse: *mousse*, f.].

moyen f. Médio: *La plupart des gens au Moyen Âge étaient très superstitieux.* Cognato: meio.

muer int. Estar na moda: *Les cheveux commencent à muer.* [moer: *moudre*].

muette f. Local de encontro de caçadores: *Enfin, ils ont trouvé la muette.* Cognato: muda (impossibilitada de falar).

mule f. Tamanco: *Les enfants ont perdu les mules de leur mère.* Cognato: mula.

mulet m. **1.** Mulo: *François veut changer son mulet.* **2.** Tainha (zool.): *Il lui faut prendre des mulets.* [muleta: *béquille*].

muleta f. Pau (em que o toureiro prende a capa): *Vouz ne pouvez jamais oublier la muleta.* [muleta: *béquille*].

mulette f. Mexilhão: *L'étudiant a laissé tomber les mulettes.* [muleta: *béquille*].

municipe m. Cidade (antig.): *Presque tous les municipes furent détruits.* [município: *commune*].

mur m. Parede: *La vieille dame va mettre un tableau contre le mur du salon.* Cognato: muro.

mûr adj. Maduro: *Un fruit mûr est tombé.* [muro: *mur*].

mûrir int. Amadurecer: *Ce jeune homme commence a mûrir.* [morrer: *mourir*].

mural adj. Mural: *Charles vient d'accomplir son travail mural.* [mural (m.): *placard*].

museau m. **1.** Cara (fam.): *Mon ami a un beau museau.* **2.** Focinho: *Il faut faire attention au museau.* [museu: *musée*].

mygale f. Migala (zool.): *Les scientifiques ont trouvé des dizaines de mygales par terre.* [migalha: *miette*].

nappe f. **1.** Camada, lençol, nuvem: *Il a découvert une nappe dans sa propriété.* **2.** Toalha de mesa: *Colette met une nappe blanche sur la table.* [napa: *peau fine*].

natte f. **1.** Esteira: *Elle est en train de préparer la natte.* **2.** Trança: *Angèle adore des nattes.* [nata: *crème*].

négoce m. Comércio: *Le négoce, c'est leur vie.* Cognato: negócio.

notice f. **1.** Prefácio: *L'auteur et l'oeuvre sont présentés dans la notice.* **2.** Nota: *Il faut vérifier les notices biographiques.* Cognato: notícia.

nom m. **1.** Sobrenome: *Il convient toujours d'ajouter le nom au prénom.* **2.** Substantivo: *Je dois dire quels sont les noms de cette phrase.* Cognato: nome.

nouvelle f. Notícia, novidade: *Elle me plaît beaucoup, cette nouvelle.* Cognato: novela.

nue f. Nuvem: *...et il m'a mise aux nues.* Cognato: nua.

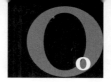

objectif m. Objetiva (fís): *Ce microscope a l'objectif grand comme il faut.* (ópt.): *L'objectif de la caméra projette de très bonnes images.* Cognato: objetivo.

objet m. Objetivo: *Connaître le Louvre est l'objet de mon voyage.* Cognato: objeto.

obscur adj. Escuro: *Je n'aime pas les endroits obscurs.* Cognato: obscuro.

obsèques f.pl. Exéquias: *Les obsèques du chef d'État espagnol ont eu lieu dimanche.* [obséquio: *faveurs*].

oculus m. Óculo (arq.): *Cet oculus suffit au passage de la lumière.* [óculos: *lunettes*].

oeil m. f& *à l'oeil* = de graça: *Elle fera le travail à l'oeil.* Cognato: olho.

office m. **1.** Agência, departamento: *Il faut s'adresser à l'office de Tourisme.* **2.** Cargo: *Il lui a été conféré l'office de notaire.* f. **3.** Copa: *Les enfants déjeunent à l'office.* Cognato: ofício: (rel.).

officine f. **1.** Farmácia de manipulação: *Ce médicament se trouve aux officines.* **2.** Oficina (fig.): *L'université est une officine de bonnes pensées.* [oficina: *atelier, garage*].

ombre f. Sombra: *Parfois elle dort à l'ombre.* [ombro: *épaule*].

omnibus m. inv. Trem: *Tous préfèrent l'express à l'omnibus.* [ônibus: *autobus*].

ordinateur m. Computador: *Je ne sais pas programmer cet ordinateur.* [ordenador: *ordonnateur*].

oreille f. Ouvido: *Émile a une sécrétion à l'oreille gauche.* Cognato: orelha.

organe m. Organismo (instituição): *L'ONU est un organe internacional.* Cognato: órgão.

original adj. **1.** Original (legítimo): *Il essaie de reproduire l'un des tableaux originaux de Monet.* **2.** Original (inédito): *Dior a un style original.* **3.** Original (singular): *Mais c'est un type original, Christophe.* [original (originário): *originel*].

où adv.; pron. Onde: *Je chanterai où je danserai.* [ou: *ou*].

DICIONÁRIO DE FALSOS COGNATOS | 95

oursin m. Ouriço-do-mar: *L'oursin a blessé le pied du nageur.* [ursinho: *ourson*].

ourson m. Ursinho: *Les oursons ne sont pas dangereux.* [ursão: *grand ours*].

outil m. Ferramenta: *Cet objet est un outil à travailler le bois.* [útil: *utile*].

outre 1. adv.; prep. Além (de): *Outre les études, elle s'appliquait aux sports.* **2.** m. Odre: *Votre outre est déchirée.* [outro: *autre*].

ove m. Óvalo (arq.): *Les oves des moulures sont entourés de fleurs.* [ovo: *oeuf*; ova: *oeufs*].

page f. Página: *Après avoir beaucoup cherché, ils ont trouvé les pages.* [pajem (babá): *nourrice*; pajem (menino de um cortejo ou casamento): *garçon d'honneur*].

pagode f. Pagode (templo): *Les pagodes lui plaisent énormement.* [pagode (brincadeira ou zombaria): *plaisanterie, broquerie*].

paillasse f. **1.** Colchão de palha: *Dans la pièce, il n'y a qu'une paillasse.* **2.** Prostituta: *La paillasse a été trouvée sur le lit.* **3.** Palhaço (arc.): *Aux fêtes foraines, il ne manquait jamais de paillasses.* [palhaço (uso contemporâneo): *clown*].

palanque f. Palanque (estacaria): *On a renversé la palanque pendant la nuit.* [palanque (tablado): *planche, plateau*].

palestre f. Palestra (local para ginástica na Roma antiga): *Les jeunes se dirigeaient à la palestre le matin.* [palestra (conferência): *conférence*].

palmarès m. **1.** Parada de sucessos: *Julien Clerc est toujours au palmarès.* **2.** Relação (de nomes laureados): *Avant tout, il leur faut voir le palmarès.* [palmares: *palmeraies*].

palme f. **1.** Palma (folha da palmeira): *L'enfant a coupé les deux palmes.* **2.** Palma (triunfo): *Tous ont montré les palmes.* **3.** Pé de pato: *Sa palme est percée.* m. **4.** Palmo (arc.): *Les fênetres de l'abbaye mesuraient six palmes.* [palma (da mão; medida no uso contemporâneo): *paume*].

panne f. **1.** Pelúcia: *L'ours de la petite fille est en panne.* **2.** Pane: *Son nouveau jouet est en panne.* f& *être dans la panne* = estar na pendura: *Ma voisine couturière est toujours dans la panne.* [pano: *étoffe*].

panneau m. **1.** Divisória: *Patrice a choisi des panneaux verts pour son bureau.* **2.** Painel: *Ces informations seront mises au panneau.* **3.** Placas (de trânsito): *Il faut faire attention aux panneaux.* **4.** Rede (para caça): *Le panneau a été déchiré par le lapin.* f& *tomber dans le panneau* = cair na rede: *Judith est tombée dans le panneau sans s'en rendre compte.* [pano: *étoffe*].

pansement m. Curativo: *Ce pansement me gêne, tu sais?* [pensamento: *pensée*].

pantalon m. Calça comprida: *Gisèle déteste les pantalons.* [pantalona: *pantalon large*].

pape m. Papa: *Il y a des papes qui ne plaisent pas à tous.* [papo (dos animais): *jabot*; papo (conversa): *papotage*].

paquet m. Pacote: *On a été averti de l'arrivée du paquet.* [paquete: *paquebot*].

parade f. Exibição: *Il fait attention à la parade de nouvelles voitures.* Cognato: parada (mil.). [parada (pausa): *arrêt*].

pardon m. **1.** Com licença: *Pardon, Mesdames, je ne peux pas entrer?* **2.** Nem se fale! (pop.): *La mère était déjà belle, et sa fille, pardon!* Cognato: perdão.

parents m.pl. Pais: *La fête est aux parents et leurs fils.* Cognato: parentes.

parer 1. t.d. Enfeitar: *Les voitures seront parées pour le mariage.* **2.** t.d. Evitar: *Il faut parer ce coup.* **3.** t.ind. Prevenir: *Elles doivent parer aux questions du juri.* [parar: *arrêter*].

paresser intr. Não fazer nada: *Ce qu'il aime? Paresser...* [parecer: *paraître, sembler*].

parque f. Parca (mitol.): *La Parque peut nous perdre à jamais.* [parque: *parc*].

passade f. **1.** Aventura (amorosa): *Gustave et Hélène n'ont qu'une passade.* **2.** Manejo (equit.): *Monsieur Hubert est un reconnu entraîneur de passades.* [passada: *enjambée*].

passage m. Passagem (ação de passar ou local onde se passa): *Les enfants n'ont pas besoin de payer le passage.* [passagem (bilhete): *billet, ticket*].

passe f. **1.** Passe (canal - mar.): *Le gondolier a déjà pris la passe.* **2.** Passe (fut.): *Louis est celui qui fait le mieux des passes aux avants.* **3.** Passe (gesto de mágica): *Avec ses passes, il enchantait tous les enfants.* (passagem, local): *Nous avons à chercher la passe avant midi.* (taur.): *La passe du matador, c'était faux.* f& **1.** maison de passe = prostíbulo: *Elle a du mal à s'approcher de la maison de passe.* **2.** mot de passe = senha: *Théophile ne sait pas le mot de passe.* [passe (bilhete): *billet, ticket*].

passer 1. int. Morrer: *Ça ne sert à rien, on va tous passer.* **2.** t.d. Perdoar: *À mon amour, je passe tous les torts.* Cognato: passar.

passer (se): pron. Dispensar: *Merci mais je me passe de votre compassion.* Cognato: passar-se.

pastel m. Pastel (bastão, técnica ou quadro de pintura): *Marie Angèle veut acheter un pastel.* [pastel (salgadinho): *pâté en croûte*].

pâte f. Massa, pasta: *La grand-mère va maintenant couper la pâte.* [pata (ave): *cane*; pata (pé de animal): *patte*].

patron m. 1. Chefe, dono: *Attention au patron qui arrive.* 2. Padroeiro: *Il manque un patron à ce village.* Cognato: patrão, patrono.

pauvresse f. Mendiga: *Personne ne veut la pauvresse à sa porte.* [pobreza: *pauvreté*].

pavé m. 1. Calçamento: *Ce pavé n'a pas été bien fait.* 2. Calhamaço: *Il a renversé le pavé.* f& 1. *battre le pavé* = bater perna: *Florence aime battre le pavé.* 2. *être sur le pavé* = estar no olho da rua: *Ma collègue de bureau est sur le pavé.* [pavê: *gâteau*].

pays m. Região: *L'accent de mon pays n'est pas beau.* Cognato: país.

paysan m. Camponês: *À cette fête il est venu comme un vrai paysan.* [paisano: *civil*].

peine f. Pena (jur., sanção, sofrimento): *La peine lui pesait plus qu'il supportait.* f& 1. *avoir de la peine* = ter dificuldades para: *Patrice a de la peine à parler au public.* 2. *peine perdue* = caso perdido: *Cette machine c'est peine perdue.* [pena (de ave; de escrever): *penne, plume*; pena (dó): *compassion*].

peinture f. Tinta: *Je n'aime pas la peinture qu'elle a achetée.* Cognato: pintura.

pelade f. Pelada (med.): *Mireille croit que sa mère a la pelade.* [pelada (fut.): *match*; pelada (nua): *nue*].

pelle f. Pá: *Notre voisin boulanger a brûlé sa pelle.* [pele: *peau*].

pelote f. Pelota (bola pequena): *Le petit garçon a déchiré la pelote.* [pelota (bola de futebol): *ballon*].

pêne f. Lingüeta (da fechadura): *Cette pêne ne marche pas bien.* [pena (sanção, sofrimento): *peine*; pena (de ave, de escrever): *penne, plume*].

penne f. Pena (de ave): *Il insiste à enlever les pennes.* [pena (sanção, sofrimento): *peine*].

pépin m. 1. Guarda-chuva (fam.): *Edmond ne sait pas ouvrir son pépin.* 2. Pevide, semente (bot.): *Les laboureurs doivent encore ôter les pépins.* f& *avoir un* pépin = ter um problema: *Monsieur Léonet m'a dit qu'il a un pépin.* [pepino: *concombre*].

périgueux m. Esmeril: *Tous les ouvriers cherchaient le périgueux mais ne l'ont pas trouvé.* [perigoso: *dangereux, périlleux*].

personne pron. Niguém: *Il n'a vu personne au centre-ville.* [pessoa: *personne* f.].

pesade f. Empino (equit.): *Regarde la pesade du cheval.* [pesada: *pesée, lourde*].

petite-fille f. Neta: *Ma voisine a une petite-fille de 3 ans.* [pequena filha: *fille petite*].

petit-fils m. Neto: *Son petit-fils va avoir 5 ans.* [pequeno filho: *fils petit*].

picador m. Picador (taur.): *Il est très habile, ce picador!* [picador (equit.): *piqueur*].

pièce 1. Cômodo: *Leur studio n'a que deux pièces.* 2. Moeda: *Vous avez combien de pièces?* Cognato: peça.

pile f. 1. Coça, sova, surra: *Elle a reçu ce que Marc lui a promis: une pile.* 2. Pilar: *Cette pile du pont ne sert plus à rien.* Cognato: pilha.

pillard m. Saqueador: *Le pillard a été transporté hier matin.* [pilar: *pilier, pile*].

piment m. Pimentão: *Les enfants n'aiment pas le piment aux repas.* [pimenta: *poivre*].

pince f. 1. Alavanca: *Il te faut une pince pour le soulever.* 2. Alicate: *Achète-moi une pince pour réparer l'évier.* 3. Grampo (de cabelo): *Cette pince à cheveux est abîmée.* 4. Pence: *Il manque une pince pour serrer la jupe.* 5. Pregador (de roupa): *La bonne perd souvent des pinces à linge.* Cognato: pinça.

pintade f. Galinha de angola: *Au restaurant, Colette choisit toujours de la pintade.* [pintado (peixe): *sem equivalente*].

pinte f. Pinta (antiga medida portuguesa): *Il se refuse à payer la pinte qu'il devait.* [pinta (sinal): *moucheture*].

pinter int.; pop. Enxugar (beber muito): *Marcel pinte tous les soirs.* [pintar: *peindre*].

pion m. Inspetor de aluno: *Mes fils détestent leur pion.* Cognato: peão (peça de xadrez). [peão (amansador de cavalos ou trabalhador rural): *péon;* pião: *toupie*].

pipa f. Pipa (zool.): *C'est la petite fille qui a trouvé la pipa verdâtre.* [pipa (papagaio): *cerf-volant*].

pipe f. Cachimbo: *Le professeur a montré comment on doit choisir une pipe.* f& *casser la pipe* = bater as botas: *La pauvre mendiante a déjà cassé sa pipe.* [pipa (papagaio): *cerf-volant*].

pipi m. Pipi (xixi): *Ne mets pas la main au pipi!* [pipi (órgão sexual masc. inf.): *zizi*].

pique f. **1.** Pique (lança): *Ils ont reçu les piques et n'ont pas resisté.* m. **2.** Paus (baralho): *Je n'ai pas de chance quand j'ai des piques.* [pique (corte): *coupe*].

piquette f. Zurrapa: *Mon père n'aime pas quand on fait la piquette.* [piquete: *piquet*].

pisser (pop.) Mijar: *Il est interdit de pisser sur l'herbe.* [pisar: *marcher*].

pistole f. Pistola (moeda antiga): *Rodolphe est gêné d'avoir perdu ses pistoles.* [pistola (arma): *pistolet*].

placard m. **1.** Armário: *L'enfant a cassé les deux placards.* **2.** Cartaz: *Le placard a été percé par les voleurs.* **3.** Granel (tip.): *Il nous a averti que le placard est prêt.* **4.** Moldura (de portas e janelas): *M. Rouget viendra mettre les placards dans l'appartement.* **5.** Pasquim: *On peut voir les placards sur les murs.* **6.** Placa (camada espessa): *Thomas a toujours des placards sur la tête.* [placar: *score*].

place f. Lugar: *Ils sont tous à la place indiquée.* Cognato: praça.

plaine F. Planície: *Regardez que c'est beau la plaine!* [plana (adj.): *platte* ou *plane*; plaina (s.): *rabot, plane*].

plainte f. **1.** Lamúria: *Vos plaintes me gênent énormement.* **2.** Queixa: *Elle va faire sa plainte au guichet.* [planta: *plante*].

plan m. Mapa, planta: *Je vais obtenir le plan de la ville.* Cognato: plano.

planche f. **1.** Canteiro (horticultura): *Mireille s'est étonnée des planches de tomates.* **2.** Tábua: *La planche de l'étagère est rompue.* f& *monter sur les planches* = subir no palco: *Patrick rêve à monter sur les planches.* Cognato: prancha.

plane f. Plaina: *La plane est la préféré du jeune homme.* [plana (adj.): *plane* ou *platte*].

plant m. **1.** Muda (renova): *Ils nous faut acheter trois plants.* **2.** Viveiro (de plantas): *Vous devez arroser les plants deux fois par jour.* [planta: *plante*].

plat m. **1.** Prato (o conteúdo): *Henri n'aime pas du tout ce plat.* **2.** Travessa: *Les deux plats sont déjà sur la table.* [prato (o recepiente): *assiette*].

platine f. Placa, lâmina: *Le biologiste a besoin des platines pour son microscope.* [platina: *platine* m.].

plume f. Pena (de ave): *Les oiseaux ont les plumes de toutes les couleurs.* (de escrever): *Gustave cherche sa plume partout.* Cognato: pluma.

polar m.; gír. Filme ou romance policial: *Dans ce festival, ils ont favorisé les polars.* [polar (dos pólos): *polaire*].

police f. Apólice: *Monsieur, vous devez signer la police.* Cognato: polícia.

polo f. Pólo (esporte): *Toujours le polo lui a attiré l'attention.* [pólo (extremidade): *pôle*].

poltronne f. Covarde: *Ainsi tu vas vraiment atteindre la poltronne.* [poltrona (cadeira): *fauteuil*].

pomme de terre f. Batata: *La vieille dame va cueillir les pommes de terre cette fin de semaine.* [maçã da terra: *pomme de la terre*].

pont m. Ponte: *Personne ne doit s'approcher de ce pont.* f& *faire le pont* = emendar (dias feriados): *Les élèves ne pourront pas faire le pont ce lundi.* [ponto: *point*].

ponte 1. m. Ponto (jogador no bacará): *Les pontes ont eu de la chance ce soir pluvieux.* **2.** f. Postura (de ovos): *Ils sont venus pour observer la ponte.* [ponte: *pont*].

porque f. Pródigo (mar.): *Les porques ont déjà été mis à leur place.* [porque: *parce que*].

portière f. **1.** Porteira (f. de porteiro - liter.): *On a trouvé plusieurs portières pendant le voyage.* **2.** Portinhola: *La portière paraît cassée au milieu.* [porteira (passagem): *grille*].

porto m. Porto (vinho): *C'est vraiment un porto.* [porto (de embarcações): *port*].

poser 1. t.d. Colocar: *Tu peux poser tes affaires sur ce bureau.* **2.** intr. Fazer pose (mostrar-se): *Les demoiselles posent pour le jury.* Cognato: posar.

poste f. **1.** Correio (agência): *J'ai demandé à Jeanne d'aller à la poste à 3h.* m. **2.** Aparelho (receptor, transmissor): *Votre poste de radio est en panne, Monsieur.* **3.** Cargo: *Il a vraiment un bon poste.* **4.** Posto (local): *Ne pas quitter le poste avant midi.* [poste: *poteau*].

pote m.; pop. Chapa (amigo): *T'as vu mon pote, Pierre?* [pote: *pot*].

potence f. **1.** Cavalete: *Le maçon travaillait sur une très haute potence.* **2.** Forca: *Il a été condamné à la potence.* [potência: *puissance*].

poulailler m. **1.** Galinheiro; granja: *Elle s'occupe du poulailler tout l'après-midi.* **2.** Casebre: *Le poulailler se trouvait très sale.* **3.** Galeria (teatro): *Le poulailler était complètement vide.* [poleiro: *juchoir*]

poule f. Galinha: *Le vieux aime donner ses poules les dimanches.* f& **1.** *petite poule* = Pequena, garota: *François veut être toujours à côté de sa petite poule.* **2.** *chair de poule* = arrepio: *Elle a eu la chair de poule.* **3.** *poule mouillée* = cagão, cagarolas: *Vous n'êtes plus qu'une poule mouillée.* [pulo: *saut*].

poulpe m. Polvo: *Le poulpe a fini. Il faut en acheter encore.* [polpa: *pulpe*].

pourquoi adv. Por que: *Pourquoi vous n'êtes pas allés au cinéma?* [porque: *parce que*].

pourtant adv.; conj. Porém: *Ce chien est grand, pourtant il ne mord pas.* [portanto: *donc, partant*].

pousser t.d. Empurrar: *Pour entrer, on doit pousser la porte.* [puxar: *tirer*].

préciser t.d. Precisar (especificar): *Les ouvriers auront à préciser leurs revendications.* [precisar (necessidade): *avoir besoin de*].

préfet m. **1.** Delegado (de polícia): *Voilà le préfet qui est à la tête des investigations.* **2.** Governador (de Estado): *Le préfet s'est réuni avec les 52 maires.* [prefeito: *maire*].

prendre t.d. **1.** Pegar, tomar: *Il va prendre la voiture ce soir.* **2.** Tirar (fotos): *Ils veulent prendre des photos compromettantes de la jeune fille.* [prender: *arrêter*].

presse F. **1.** Imprensa: *La presse parfois nous trompe.* **2.** Prensa: *Tu ne dois pas tout faire à la presse.* [pressa: *hâte*].

presser t.d. **1.** Apertar: *Pressez le bouton à gauche avant d'entrer.* **2.** Espremer: *Je vais presser l'orange pour le repas.* **3.** Pressionar: *Richard a l'habitude de la presser d'étudier.* Cognato: apressar.

prestation f. Pensão: *Ma grand-mère doit toucher la prestation de vieillesse.* Cognato: prestação.

prête adj. Pronta: *Elle, la femme de ménage, est vraiment prête.* [preta: *noire*].

prime f. **1.** Brinde: *Les participants ont tous des primes.* **2.** Prêmio: *Le vainqueur a gagné une belle prime.* **3.** Prima (1ª hora canônica): *On a écouté la prime déjà debout.* adj. **4.** Linha (alg.): *Ce B' (B prime): a la valeur 2.* [primo, prima (parentesco): *cousin, cousine*].

principe m. Princípio: *Le peuple ne suit pas ce principe.* [príncipe: *prince*].

procès-verbal m. Auto de infração: *Il nous a expliqué ce qui concerne le procès verbal.* [processo verbal: *procès du verbe*].

procurer t.d. **1.** Arranjar, Conseguir: *Lucie lui a déjà procuré l'emploi.* **2.** Causar: *Son attitude nous procure du plaisir.* pron. **3.** Adquirir: *Le maître se procure tout l'héritage.* [procurar: *chercher*].

projeteur m. Projetista: *Pour être bien installé, il faut avoir un bon projecteur.* [projetor: *projecteur*].

propre adj. Limpo: *La bonne m'a procuré un chemisier propre au marché aux puces.* Cognato: próprio.

propreté f. Limpeza: *Tous ont besoin de propreté, au nom de la santé.* [propriedade: *propriété*].

province f. Interior: *Je préfère habiter la province.* Cognato: província.

puis adv. Depois: *On passe chez toi, puis on sort.* [pois: *donc*].

quadrille m. quadrilha (dança): *Jöel et Irène savent danser le quadrille.* [quadrilha (ladrões): *bande de voleurs*].

quand même loc. adv. Apesar de tudo: *Je t'aime quand même.* [quando mesmo: não é usual.]

quarteron m. **1.** Pardo (mestiço): *Ce quarteron est très beau.* **2.** Punhado: *Le premier jour de classe, il n'y avait qu'un quarteron d'étudiants.* [quarteirão: *pâvé de maisons*].

quartier m. **1.** Bairro: *Laurent habite un vieux quartier.* **2.** Quarta parte: *Il m'a donné un quartier d'orange.* **3.** Quartel: *Les soldats sont tous au quartier.* [quarteirão: *pâvé de maisons*].

quartilage m. Obtenção de quartis (Estat.): *Effectuer le quartilage, c'est une opération simple.* [cartilagem: *cartilage*].

quarto adv.; raro Em quarto lugar: *(...) et quarto, acheter les boissons.* [quarto: *chambre*].

quelque adj. Algum: *On peut aller à quelque restaurant?* [qualquer: *quelconque*].

quelque chose pron. Algo, alguma coisa: *Je dois lui dire quelque chose.* [qualquer coisa: *n'importe quoi, une chose quelconque*].

quelqu'un pron. Alguém: *Écoute, quelqu'un s'approche.* [qualquer um: *n'importe qui, quiconque*].

quille f. **1.** Garrafa de boliche: *Combien coûtent ces quilles?* **2.** Quilha (de embarcação): *Les navires ont des quilles bien lourdes.* [quilo: *kilo*].

quine m. Quina (no jogo): *Le quine a facilement été obtenu par un charpentier.* [quina (canto de um objeto): *coin*].

quintal m. Quintal (peso): *Notre production atteint 30 quintaux de riz à l'hectare.* [quintal (fundo de casa): *arrière-cour*].

quinte f. Acesso de tosse: *Alice a eu une quinte horrible.* [quinta (chácara): *manoir*].

DICIONÁRIO DE FALSOS COGNATOS | 105

rabot m. Plaina, rabote: *On a trouvé le rabot cassé.* [rabo: *queue*].

radier t.d. Riscar da lista: *Le syndicat a radié leur nom.* [radiar: *irradier, rayonner*].

railler t.d. Zombar: *L'instituteur raille les élèves.* [ralhar: *gronder*].

râle m. Estertor (med.): *Il a constaté des râles humides.* [ralo: *râpe*].

râler t.i. **1.** Estertorar (med.): *Parce que malade, elle râle.* **2.** Ralhar, resmungar: *La mère râle tout le temps.* [ralar: *râper*].

rame f. **1.** Estaca: *Il faut ficher des rames à côté des haricots.* **2.** Rama, bastidor (indústria têxtil): *Les tissus sont sur les rames.* **3.** Remo: *Les enfants ont cassé toutes les rames.* **4.** Resma: *Combien de rames allez-vous employer?* **5.** Vagões (atrelados): *Fais attention à la dernière rame.* [ramo: *rameau*; rama (bot.): *branchage*].

ranger t.d. **1.** Arrumar: *Chez elle, elle ne fait que ranger.* **2.** Estacionar: *Pierre a fait ranger la voiture.* **3.** Margear: *Je la vois ranger les îles en bateau.* [ranger: *grincer*].

rapace adj. Rapace: *Il me semble plutôt un rapace.* [rapaz: *jeune-homme*].

rapide m. Correnteza: *Il n'est pas facile de suivre un rapide.* Cognato: rápido.

ras adj. Ralo: *Jean-Claude a la barbe rase.* f& **1.** *à (au) ras de* = no nível de: *Le petit bateau en papier est au ras de l'eau.* **2.** *ras-le-cou* = gola boba: *J'aime beaucoup les robes ras-le-cou.* **3.** *en avoir ras-le-bol* = estar de saco cheio: *Ma bonne? J'en ai ras-le-bol.* Cognato: raso.

ras adv. Rente: *On l'aperçoit volant très ras.* [raso: *ras*, adj.].

rata m. Gororoba (gír.): *Moi, je ne vais pas bouffer ce rata.* [rata (zool.): *rate* (gír.: fora): *impair*].

rate f. Baço: *On doit faire attention au rate.* Cognato: rata (zool.). [rato: *rat*; rata (gír.: fora): *impair*].

rayon m. **1.** Favo: *Il est allé prendre des rayons au bois.* **2.** Prateleira: *Cherche dans ce rayon ce qu'il te faut.* **3.** Seção (de loja): *Jeanne aime regarder tous les rayons.* Cognato: raio.

DICIONÁRIO DE FALSOS COGNATOS | 107

rebâtir t.d. Reconstruir: *On va rebâtir le trottoir.* [rebater: *rebattre*].

recette f. **1.** Receita (culinária): *L'enfant a perdu la recette de la mamie.* **2.** Receita (financeira): *Quelle est la valeur de la recette?* [receita (médica): *ordonnance*].

réception f. Recebimento: *C'est vous que devez faire la réception.* Cognato: recepção.

réclamer (se) de pron. Apoiar-se no testemunho de: *Il vous faut vous réclamer du concierge.* [reclamar de: *se plaindre*].

recorder t.d. Encordoar: *Didier me l'a fait recorder avant-hier.* [recordar: *rappeler, souvenir*].

recours m. Recurso (ação de recorrer): *Pauvre! Il est tout à fait sans recours.* [recurso (financeiro): *ressource*].

recommandé adj. Registrado: *Le directeur nous conseille de lui envoyer une lettre recommandée.* Cognato: recomendado.

réfection f. **1.** Conserto: *Les maçons commencent la réfection à 13h.* **2.** Refeição: *On doit faire du silence à l'heure de la réfection.* [refeição (sentido usual): *repas*].

réforme f. **1.** Reforma (mil.): *Monsieur Jordan? Il est à la réforme.* **2.** Reforma (moral, social): *Les étudiants sont très engagés à la réforme.* **3.** Reforma (relig.): *La réforme de l'église ne plaît pas à tous.* [reforma: *réparation, restauration*].

réfrigérant adj. Refrigerante (que refrigera): *Il fait très chaud: je vais acheter un réfrigérant.* [refrigerante (bebida): *boisson fraîche*].

régence m. Regência (política): *Les gouvernants doivent savoir exercer la régence.* [regência (gram.): *régime*].

régent m. **1.** Administrador, gerente: *Il est devenu le principal régent de l'Institut.* **2.** Regente (polit.): *Je ne me souviens pas de ce régent de l'Angleterre.* [regente (maestro): *chef d'orchestre*].

régime m. **1.** Cacho, penca (de frutas): *Changez le régime qui est gâté.* **2.** Regência (gram.): *Martine n'emploie pas du tout le régime correct.* Cognato: regime.

régler t.d. **1.** Concluir: *Le travail est déjà réglé.* **2.** Estabelecer, fixar: *Tu dois régler les conditions des cours.* **3.** Pagar: *C'est moi qui règle le compte.* **4.** Pautar: *Mon enfant ne sait pas régler du papier.* Cognato: regular.

régresser int. Regredir (diminuir em número, força ou intensidade), recuar: *Les étudiants régressent à la fin de chaque année.* [regressar: *rentrer, retourner, revenir*].

rehausser t.d. Erguer: *Le père rehausse le bébé dans l'air.* Cognato: realçar.

reis m. Rei (do império turco): *Quels reis furent assassinés?* [rei (monárquico): *roi*].

rejeter t.d. Jogar novamente, relançar: *Joseph vient de la rejeter dans le parterre.* Cognato: rejeitar.

relent m. Fedor: *Sens le relent de ce couloir.* Na expressão ao relento = *à la belle étoile*. [relento: *serein*].

relever 1. t.d. Destituir, livrar: *Mon père va relever ses employés des obligations.* **2.** t.d. Erguer, levantar: *Ils doivent relever le village cette année.* **3.** int. Caber a, competir a, depender: *Cette autorisation relève du chef.* **4.** pron. Restabelecer-se: *Clotilde a déjà relevé de la grippe.* **5.** pron. Erguer-se: *Ce peuple ne s'est jamais relevé.* **6.** pron. Revezar-se: *Les parents et la grand-mère se relèvent dans le ménage.* Cognato: relevar (realçar).

remarquable adj. Notável: *Ce vin est vraiment remarquable.* [remarcável (mercadoria): *à remarquer*].

remarquer t.d. Notar, observar: *Il fallait remarquer toutes les marchandises.* [remarcar: *réduire le prix*].

remettre 1. t.d. Adiar: *Le sécretaire doit remettre la décision.* **2.** t.d. Entregar: *Il m'a dit de lui remettre le paquet.* **3.** t.d. Perdoar: *Quoi faire? Leur remettre la dette?* **4.** t.d. (Re)colocar: *Tu n'as qu'à le remettre sur l'armoire.* **5.** pron. (prep. *à*) Recomeçar: *Elle veut se remettre au français.* **6.** pron. (prep. *de*) Restabelecer-se: *Il est difficile de se remettre du cancer.* [remeter: *envoyer*].

remonter 1. int. Subir: *Je suis fatiguée de remonter à pied.* **2.** int. Voltar: *Ces souvenirs remontent à mon enfance;* **3.** t.d. Dar corda em: *Il te faut remonter ta montre.* **4.** t.d. Reconfortar: *Remonter Annie: c'est ce qu'il veut.* Cognato: (re)montar.

remuer t.d. (Re)mexer: *Les garçons aiment remuer la boue.* [(re)moer: *(re)moudre*].

rencontre f. Encontro: *Les deux ont participé à la Rencontre de Lexicologie.* [reencontro: *nouvelle rencontre, retrouvailles*].

rendre t.d. **1.** Deixar, tornar: *Fred la rend heureuse de son attitude.* **2.** Devolver: *Rends-moi les clés demain matin.* **3.** Representar, reproduzir: *On a besoin de bien rendre les sens de ces mots.* **4.** Soltar: *Ivre, il a rendu le volant.* Cognato: render.

rente f. Renda, rendimento: *Passez-lui la rente vite.* [rente: *ras*].

réparer t.d. Reparar (consertar): *Il fait réparer sa voiture.* [reparar (prestar atenção): *apercevoir, faire attention*].

repartir 1. int. Partir novamente: *Les autos sont déjà prêtes à repartir.* **2.** int. Voltar: *Nos vacances ont fini et nous devons repartir.* **3.** t.d. Retrucar (lit.): *L'invité l'a reparti brusquement.* [repartir (dividir): *répartir*].

répartir t.d. Repartir (dividir): *Il faut expliquer les devoirs avant de les répartir.* [repartir (partir novamente): *repartir*].

repasser int.; t.d. Passar (roupas): *Maman a fait repasser ma jupe à la bonne.* Cognato: repassar.

répétition f. Ensaio: *Je n'aime pas les répétitions.* Cognato: repetição.

reprendre 1. t.d. Refazer, reformar, retocar: *On doit reprendre les vêtements.* **2.** t.d. Retomar: *Ils ont décidé de reprendre la grève.* **3.** int. Recomeçar, voltar: *Il n'ira reprendre que dans trois mois.* [repreender: *gronder, réprimender, reprocher*].

retardé adj. Atrasado: *Cet enfant est très retardé.* [retardado (mental): *attardé, arriéré*].

retourner t.d. **1.** Devolver: *Jacques doit retourner le livre à son copain.* **2.** Inverter: *Retournez ces deux proverbes et observez le résultat.* **3.** Mexer: *Melissa, retourne le riz, s'il te plaît.* **4.** Virar: *Je m'en vais sans retourner la tête.* **5.** Virar do avesso: *C'est à la bonne de retourner tous les vêtements pour repasser.* [retornar: *retourner*, int.].

retrait m. **1.** Encolhimento: *Le premier pas c'est le retrait du plastic.* **2.** Retirada: *La police a regardé attentivement le retrait des étudiants.* **3.** Saque (bancário): *Quand vas-tu faire le retrait à la banque?* [retrato: *portrait*].

retraite f. **1.** Aposentadoria: *Michel attend anxieux la retraite.* **2.** Recuo: *L'architecte a fait une retraite à partir du troisième étage.* **3.** Refúgio (relig.): *La dame cherchait une retraite au bord de la mer.* **4.** Retirada: *Ils ont déjà fait leur retraite.* [retreta (latrina): *fosse, latrines*].

rêver t.ind. (*à*) **1.** Imaginar, pensar: *Elle rêve à son prince.* T.ind. (*de*) **2.** Sonhar: *J'ai rêvé de ma mère cette nuit.* [rever: *revoir*].

rhume m. Resfriado: *Le ministre a pris un rhume hier soir.* [rumo: *chemin, cours*].

risquer t.d. **1.** Arriscar: *Vous serez conseillé de risquer votre argent.* **2.** Correr o risco de: *Luc risque d'être déposé.* [riscar: *rayer, barrer*].

robe f. **1.** Beca: *La robe du professeur est toute abîmée.* **2.** Roupão: *On va acheter une robe de chambre.* **3.** Toga: *Maintenant, le juge met la robe.* **4.** Vestido: *Je lui fait cadeau d'une robe bleue.* Cognato: roupa.

roder t.d. Amaciar (motor): *On va rôder notre nouvelle bagnole avant de prendre la route.* [rodar: *rôder, rouer, rouler*].

rogue f. Ovas: *Il m'a demadé de lui apporter des rogues.* [rogo: *prière, supplication*].

rôle m. **1.** Papel (função, personagem representado por um ator): *C'est très bien le rôle qu'elle va jouer.* **2.** Rol: *Votre nom n'est pas sur le rôle.* [rolo: *rouleau*].

roman m. **1.** Romance (língua vulgar): *Reconnaissez-vous le roman?* (liter.): *Ces romans sont très doux, n'est-ce pas?* (história inverossímil): *Voilà! C'est un roman leur histoire.* **2.** Romano (a língua de Roma): *Christine aime beaucoup le roman.* [romã: *grenade*; romano (povo): *romain*].

romance f. Romança (mús. e liter.): *On voudrait maintenat écouter les romances.* [romance: *roman*].

rote f. **1.** Rota (instrumento de música medieval): *Il méconnait la rote du Moyen Âge.* **2.** Rota (relig.): *Ces questions s'adressent à la rote.* [rota (caminho): *direction*].

rouelle f. Rodela: *Le plat était tout mis en rouelle.* [ruela: *ruelle*].

rouir int. Pôr de molho (tecido): *La dame l'a fait rouir.* [ruir: *s'écrouler*].

roulette f. Rodinha: *La roulette de la table est cassée.* Cognato: roleta.

roumain m. Romeno: *Les roumains ont gagné le prix.* [romano: *romain*]

rousse 1. f.; pop. Polícia: *Les mineurs ont été pris par la rousse.* **2.** adj. Ruiva: *Elle aimait être rousse.* [russo, russa: *roux, russe*].

sabord m. Portinhola (mar.): *Sur la plage on pouvait observer les canons qui sortaient des sabords des vaisseaux de guerre.* [sabor: *saveur*].

saccade f. Soquinho (fig.): *Il parle par saccades quand il la voit.* [sacada (varanda): *balcon*].

sacquer ou **saquer** t.d. Despedir: *Cathie n'as pas aimé les services de sa bonne et l'a sacquée.* f& *ne pas pouvoir sacquer* = detestar: *Je ne peux pas le sacquer.* [sacar (gír.: entender): *piger*; sacar (retirar dinheiro): *retirer*].

sacré adj. Maldito (colocado antes do substantivo): *La bombe atomique est une sacrée invention de l'homme.* Cognato: sagrado.

sacrément adv.; fam. Pra lá de: *Les chimistes ont sacrément peur que leurs découvertes soient préjudiciables à l'humanité.* [sacramento: *sacrement*].

safre adj.; m. Safra (quím.): *Ces safres seront utilisés la semaine prochaine.* [safra (produção): *récolte*].

sage adj.; m. Ajuizado, bem-comportado: *Sois sage, ma belle.* f& *sage-femme* = parteira: *La sage-femme a été appelée d'urgence.* Cognato: sábio.

sagouin m. Porco (fam.): *Vous êtes tous des sagouins!* [sagüi: *saï*].

saï m. Sagüi (zool.): *Il a un saï depuis deux mois.* [saí (int.): *je suis sorti(e)*].

sain adj. São (saudável): *Sans doute, il est tout sain.* [são (santo): *saint*].

sainfoin m. Sanfeno (bot.): *Elle est habituée à s'occuper des sainfoins.* [sanfona: *vielle*].

salamandre f. Amianto (quím., ant.): *Pour cela, on employait la salamandre.* Cognato: salamandra.

sale adj. Sujo: *Je ne veux pas habiter un endroit sale!* [sala: *salle; salon*].

salir t.d. Sujar: *Ce chien aime tout salir.* [sair: *sortir*].

salsa f. Salsa (mús.): *Pierre a toujours aimé la salsa.* [salsa (erva): *persil;* salsa (geol.): *salse*].

salse f. Salsa (geol.): *La salse avançait vers le village.* [salsa (erva): *persil;* salsa (mús.): *salsa*].

sandale f. Sandália: Cette sandale sent mauvais. [sândalo: *santal*].

sape f. Trincheira: Les sapes font peur aux ennemis. [sapo: *crapaud*].

sapèque f. Sapeca (moeda chinesa): *Que de sapèques chez lui!* [sapeca (levado): *espiègle*].

sarde adj. Sardo (habitante da Sardenha): *Les sardes ne sont pas bien vus par ma mère.* [sarda: *tache de rousseur, tache de son*].

satin f. Cetim: *Sa robe de satin a gagné le premier prix au concours.* [satã: *satan*].

satyre m. Sátiro: *Au théâtre, il joue le rôle d'un satyre.* [sátira: *satire*].

sauce f. **1.** Chuvarada, toró: *Il est tombé une sauce.* **2.** Molho: *Cette viande en sauce est magnifique.* [salsa (erva): *persil;* salsa (mús.): *salsa;* salsa (geol.): *salse*].

sauver (se) pron. Fugir: *Ce soir, trois voleurs se sont sauvés de la prison.* Cognato: salvar-se.

saxe m. Porcelana de saxe: *Une précieuse collection de vieux saxes a été portée au musée.* [sax (abrev. de saxofone): *saxo*].

scénario m. Roteiro: *Le scénario du film est un peu confus.* [cenário: *décor*].

scientifique adj.; m. Cientista: *Les scientifiques pensent que la découverte du siècle sera la guérison du cancer.* Cognato: científico.

scille f. Albarrã, cila (bot.): *Elle avait de belles scilles.* [cílio: *cil*].

scotisme m. Escotismo: *Qui a été l'initiateur du scotisme?* [escutismo: *scoutisme*].

scoutisme m. Escutismo: *Il ne suit pas le scoutisme.* [escotismo: *scotisme*].

sécateur m. Cisalha, tesourão: *Il faut serrer ferme le sécateur.* [secador: *sécheur*].

sécurité f. f& *sécurité sociale* = previdência social: *La sécurité sociale est parfois pénible.* Cognato: segurança.

sedan m. Tecido fino: *Son vêtement de sedan ne lui va pas bien.* [sedã (carro de passeio): *voiture*].

selle f. **1.** Fezes: *Le médecin m'a demandé une analyse de selles.* **2.** Mesa de escultor: *Il demeure longtemps assis devant sa selle.* **3.** Privada: *La jeune fille est allée à la selle.* Cognato: sela [cela: *cachot, cellule*].

seller t.d. Selar (o cavalo): *Je vous assure qu'il sait bien seller.* [selar (autenticar): *celler*; selar (pôr selos): *timbrer*].

semblant m. f& *faire semblant* = fingir: *Tous s'apercevaient qu'il faisait semblant de méchant.*

semence f. **1.** Esperma: *Maintenat on va analyser ces semences.* **2.** Tachinha: *Il est allé acheter des semences.* Cognato: semente.

sentir int. Cheirar (exalar cheiro): *Que ce poulet sent bon!* f& *ne pas se sentir de* = não se caber de: *Elles ne se sentent pas d'heureuses.* Cognato: sentir.

sens m. Sentido: *Venez vite! Théophile a perdu ses sens.* Cognato: senso (razão). [censo: *cens*].

séquestre m. **1.** Seqüestro (de bens): *Ils se trouvent sous séquestre.* **2.** Seqüestro (patol.): *On l'a délivré du séquestre.* [seqüestro (de pessoa): *séquestration*].

seringa m. Silindra (bot.): *Les seringas sont féquemment cherchés par ce biologiste.* [seringa: *seringue*].

serre f. Estufa: *La serre sert à protéger des fleurs et des plantes.* [serra (instrumento cortante): *scie*; serra (montanhas): *chaîne de montagnes*].

serrer t.d. **1.** Apertar: *Je dois encore serrer la roue.* **2.** Aproximar: *Il faut serrer les tables et les chaises.* **3.** Guardar: *Tu peux serrer la monnaie.* [serrar: *scier*].

shoot m. **1.** Chute (fut.): *Il ne fait des shoots que de la jambe gauche.* **2.** Pico (gír. de drogados): *Sans le savoir, Claude se permettait un shoot d'héroïne.* [chute (outros usos): *coup de pied*].

smalt m. Esmalte (tinta azul): *Il faut ajouter peu à peu du smalt.* [esmalte (substância transparente): *émail, vernis*].

soc m. Relha: *La terre est travaillée avec des socs.* [soco: *coup de poing*].

soir m. Noite: *Le soir de l'arrivée des trains, je me souviens de lui.* [soar: *sonner*; suar: *suer*].

sol m. Solo: *L'expert préfère le sol du Brésil.* Cognato: sol (mus.). [sol (estrela): *soleil*].

solde m. Saldo: *On doit encore payer le solde.* [soldo: *solde* f.; solda: *brasure, soudure*].

solder t.d. Saldar (contas, mercadorias): *Charlotte a besoin de les solder aujourd'hui.* [soldar: *souder*].

sole f. **1.** Folha (agric.): *Combien de soles allez-vous cultiver?* **2.** Linguado (zool.): *Demain Jean va préparer une sole.* [sola: *semelle*].

solo m. Solo (mús.): *Ce solo ne plaît pas à tout le monde.* [solo (terra): *sol*].

soma m. Soma (genét.): *Il nous reste évaluer le soma.* [soma (adição): *somme*].

sombre adj. Escuro, sombrio: *Tout est sombre et j'en ai peur.* [sombra: *ombre*].

sombrer int. Soçobrar: *Il nous semble que nos plans vont sombrer.* [sombrear: *ombrager, ombrer*].

somme m. Soneca: *Il est important de savoir l'heure de faire un somme.* Cognato: soma.

son m. Farelo: *À cette fin, les sons sont indispensables.* f& *tache de son* = sarda: *Remarquez bien ses taches de son.* Cognato: som.

sondage m. Pesquisa (de opinião): *Le sondage de l'I.F.O.P. montre la préférence des parisiens.* Cognato: sondagem.

sono f.; abrev. Sonorização: *La sono m'empêche de faire attention au film.* [sono: *sommeil*].

sort m. f& *faire un sort à* = **1.** valorizar: *On doit apprendre à faire un sort à la nature.* **2.** (fam.) acabar com: *Elle a fait un sort à sa voiture.* Cognato: sorte.

sorte f. Sorte (espécie, tipo): *Un nouveau monde se présente à lui, il y trouve toutes sortes de personnes.* [sorte (acaso, predestinação): *sort* m.].

sortir int. Sair: *Hier, il a décidé de sortir.* [sortir (abastecer): *approvisionner, assortir*].

soufrer t.d. Enxofrar: *Tu n'as pas besoin d'en soufrer.* [sofrer: *souffrir*].

soupape f. Válvula: *Florence m'a donné la soupape que je lui ai demandée.* [sopapo: *soufflet*].

sous-titre m. Legenda (filmes): *Le sous-titre de ce film n'est pas bien lisible.* Cognato: subtítulo.

soutien m. **1.** Apoio, suporte: *Nous sommes pour le soutien de la candidate.* **2.** Sustento: *C'est la mère qui apporte le soutien à sa famille.* [sutiã: *soutien-gorge*].

spire f. Espira: *Le professeur nous a appris à faire une spire.* [espirro: *éternuement*].

spirituel adj. Espirituoso (vivacidade de espírito): *Joseph est vraiment très spirituel.* Cognato: espiritual.

spiritueux adj. Espirituoso (bebida): *Que ce vin est spiritueux!* [espirituoso (vivacidade de espírito): *spirituel*].

spore f. Espório, esporo: *Il lui manque des spores.* [espora: *éperon*].

square m. Praça: *Ce square me semble obscur.* [escarro: *crachot*].

stable adj. Estável: *Stable ou nom, l'élevage de chevaux sera agrandie.* [estábulo: *étable*].

stade m. **1.** Estádio: *Les joueurs sont arrivés au stade indiqué.* **2.** Estágio: *Quel est le stade de la maladie?* [estado: *état*].

stadia m. Estádia (geom.): *Il a oublié son stadia chez vous.* [estadia: *séjour*].

stalle f. Estala: *Attention aux stalles, Monsieur le curé.* [estalo: *claquement, craquement*].

stances f. pl.; liter. Estância, estança: *Ses stances sont vraiment admirables.* [estância (fazenda): *ferme*].

stérique adj. Estéreo (quím.): *On a obtenu un composé stérique.* [histérico: *hystérique*].

sterne f. Andorinha-do-mar (zool.): *La sterne a été durement atteinte.* [esterno (osso): *sternum*; externo: *externe*].

strume f. Escrófula, estruma (patol.): *On l'a conseillé de traiter la strume.* [estrume: *fumier*].

studio m. Conjugado, kitchenette: *Mon copain habite un studio.* Cognato: estúdio; [estudo: *étude*].

stylo m. Caneta: *Victor écrit avec un stylo très différent.* [estilo: *style*].

subir t.d. **1.** Passar por, submeter-se: *J'ai subi toutes les étapes de la maladie.* **2.** Suportar: *Il est difficile de subir l'escalade du terrorisme.* [subir: *monter*].

substance f. f& *en substance* = em suma: *En substance, la traduction de ce poème est possible.* Cognato: substância.

suc m. Suco (animal ou vegetal): *Il faut encore extraire le suc et le préparer ensuite.* [suco (de frutas): *jus*].

suis (de *suivre*, t.d.) Sigo: *Je suis l'étudiant et toi, son frère.* [*suis* (de *être*, int.): sou, estou].

suisse m. **1.** Petit-Suisse (tipo de queijo, abrev.): *Édouard préfère les suisses.* **2.** Sacristão: *Il deviendra un bon suisse.* **3.** Tâmia (zool.): *Les suisses sont partout en Russie.* f& *boire (manger) en suisse* = beber (comer) sozinho: *Je n'aime pas manger en suisse.* Cognato: suíço.

suite f. **1.** Comitiva: *Le président sera accompagné de sa suite.* **2.** Conseqüência: *Il faut penser aux suites, Marcel.* **3.** Continuação, seqüência: *La suite des évènements a bientôt été connue.* **4.** Perseguição: *Vincent s'est mis à la suite du renard.* f& **1.** *ainsi de suite* = assim por diante: *Vous devez lire et résumer le premier texte, lire et résumer le deuxième et ainsi de suite.* **2.** *à la suite de* = atrás de: *Les invités s'approchent à la suite des fiancés.* **3.** *par la suite* = depois: *Voilà les cours que je dois faire par la suite.* **4.** *par la suite de* = em conseqüência de: *Par la suite de leur arrivée, on se rassurera.* **5.** *tout de suite* = imediatamente: *André va partir tout de suite.* Cognato: suite.

sujet m. **1.** Assunto: *Quel est le sujet de ce texte?* **2.** Motivo (artístico): *Regardez les sujets que le peintre a choisis.* **3.** Paciente: *Le sujet vient d'arriver, Monsieur.* **4.** Súdito: *Le roi ne reçoit pas toujours ses sujets.* Cognato: sujeito.

super-grand m.; fam. Superpotência: *La crise est déjà arrivée aux super-grands.* [supergrande: *très grand*].

sûr adj. Seguro (ter certeza): *Êtes-vous sûr de votre voiture?* [sobre: *sur*].

surnom m. Apelido, cognome: *Mademoiselle, est-ce que vous savez leur surnom?* [sobrenome: *nom de famille*].

survie f. Sobrevivência: *Il a accompagné la survie de cette doctrine.* Cognato: sobrevida.

suspense f. Suspensão (relig.): *On va évaluer la suspense jusqu'à demain.* [supense: *suspense*, m.].

sustenter (se) pron. Alimentar-se: *Louis à peine se sustente, bien qu'il soit gros.* [sustentar-se (suportar): *se soutenir*].

tabac m. Tabacaria: *J'ai déjà vu trois tabacs dans cette rue.* f& **1.** *coup de tabac* = temporal: *On a bien eu un coup de tabac.* **2.** *être toujours le même tabac* = ser sempre a mesma coisa: *La télé: c'est toujours le même tabac.* **3.** *faire un tabac* (gír. teatral) = abafar: *Phèdre a fait un tabac à New York.* **4.** *passer quelqu'un à tabac* = espancar, surrar: *Fernand, ton père va te passer à tabac.* Cognato: fumo, tabaco.

tablette f. Prateleira: *La tablette vient de casser.* Cognato: tablete.

tache f. Mancha, tacha: *Ma robe a une petite tache.* [taxa: *taux, taxe*].

tâche f. Tarefa (missão): *Je veux savoir la tâche qui me concerne.* [tacha: *tache*; taxa: *taux, taxe*].

tachygraphe m. Tacógrafo: *Ce tachygraphe ne marche pas bien.* [taquígrafo: *sténodactylo*].

taille f. **1.** Altura, estatura: *Estelle et Richard sont de la même taille.* **2.** Cintura: *Main à la taille, elle m'attendait impatiente.* **3.** Tamanho: *Quelle est la taille de ce chemisier?* Cognato: talho, talhe.

tamarin m. Sagüi, tamari (zool.): *Les tamarins se voient au Brésil.* Cognato: tamarindo.

tampon m. **1.** Carimbo: **2.** Pára-choque (de trem): *L'agent vient de mettre le tampon. Le choc de tampons produit un grand bruit.* Cognato: tampão.

tam-tam m. **1.** Badalação: *Avez-vous vu le tam-tam lors de la visite du recteur?* **2.** Tantã (gongo, tambor): *Ce tam-tam transmet bien des messages.* [tantã (maluco): *loufoque*].

tango adj.; m. Vermelho-alaranjado: *Florence aime mieux le tango, sans doute.* Cognato: tango.

tante f. **1.** Bicha, veado (vulg.): *Des tantes hantent les clubs.* **2.** Tia: *Elle n'est pas une tante riche, mais elle aime sa nièce.* [tanto: *autant, beaucoup, tant*].

tape f. Bola-de-fogo (artil.): *Les mariniers savent bien utiliser la tape.* Cognato: tapa.

tapette f. **1.** Bicha, veado (vulg.): *Les tapettes sont toutes au bois de Boulogne.* **2.** Língua (fam.: tagarela): *La vieille bavarde du troisième: quelle tapette!* **3.** Tapinha: *Je vais te donner quelques tapettes, salaud!* [tapete: *tapis*].

DICIONÁRIO DE FALSOS COGNATOS | 121

taper t.d. **1.** Bater (em alguém; à máquina): *Demandez à la secrétaire de taper cette lettre.* **2.** Dar facada (pedir dinheiro emprestado): *Edmond tape son frère de mille francs.* int. **3.** Subir (bebida): *Le vin tape plus facilement que la bière.* [tapar (cobrir com tampa): *couvrir*].

taquer t.d. Assentar a fôrma (tip.): *Il reste taquer les lettres.* [tacar: *donner des coups, jeter, lancer*].

tasse f. Xícara: *Donnez-moi une tasse de café au lait.* [taça: *coupe*].

tata f. Titia (pop.): *Tata Hélène va me donner un cadeau.* [tata (irmãzinha): *soeurette*].

taure f. Novilha: *La vache et les taures broutent tout le matin.* [touro: *taureau*].

teille f. Tasco: *À vous de débarasser le chanvre de la teille.* [telha: *tuille*].

tempe f. Têmpora: *Elle s'est blessée à la tempe.* [tampa: *couvercle;* tampo: *tamps*].

tempérer t.d. Temperar (moderar): *Les vacances tempèrent les activités fatigantes.* [temperar (pôr tempero em): *assaisonner*].

tempo m. Tempo (mús.): *Dans la musique classique, on a un tempo plus lent.* [tempo (cronométrico, cronológico, abstrato, atmosférico): *temps*].

temporal adj. Temporal (anat.): *L'os temporal a été atteint.* [temporal (tempestade): *orage;* temporal (relativo a tempo): *temporel*].

temporel adj. Temporal (rel. a tempo): *L'argent est un bien temporel.* [temporal (tempestade): *orage;* temporal (anat.): *temporal*].

teneur f. Teor: *Il faut déterminer la teneur de cette chanson.* [tenor: *ténor*].

tente f. Barraca, tenda: *Tente des soldats: tu réussiras à la monter.* [tente (v.): *tente*].

terne adj. **1.** Fosco, opaco, sem brilho: *Ce tableau de Renoir a des couleurs ternes.* m. **2.** Terno, frio: *Il fait le terne presque toutes les semaines.* [terno (vestuário): *complet, costume;* terno (carinhoso): *tendre*].

terroir m. Terra, terrinha (fig.): *Il est très insatisfait de ce terroir.* [terror: *terreur*].

test m. 1. Concha (zool.): *À quoi servent les tests?* 2. Teste: *Les adolescents sont soumis à des tests à l'examen.* [texto: *texte*].

tête f. Cabeça: *Anne a une tête privilégiée.* [teta: *mamille, tétine*].

thème m. Versão: *Les brésiliens font souvent des thèmes pour l'espagnol.* Cognato: tema.

thermos m. ou f. Garrafa térmica: *Ces thermos ont bien été utilisés par la bonne.* [termos: *termes*].

tigelle f. Caulículo (bot.): *Cette tigelle est bien petite.* [tigela: *bol*].

timbre m. Timbre (carimbo, selo): *Des timbres sont obligatoires.* Cognato: timbre (som).

tire f. Máquina (gír.: carro): *La tire d'Henri a été volée.* [tira (gír. policial): *flic*; tira (de tecido): *bande*].

tirer 1. t.d. Arrastar: *La petite enfant tire sa poupée au long du couloir.* 2. t.d. Disparar: *Les ennemis ont tiré le canon sur l'armée.* 3. t.d. Emitir: *Avez-vouz déjà tiré le chèque sur Madame Renault?* 4. t.d. Esticar: *Tirez la corde avant de sauter par-dessus.* 5. t.d. Traçar: *Tu as bien tiré les traits de ce personnage.* 6. t.d.; int. Atirar: *Je vais lui apprendre à tirer.* 7. t.d.; t.i; int. Puxar: *Après son entrée, tire la porte.* 8. int. Amargar (padecer): *Pauvre, elle a tiré dix ans de mariage.* 9. int. Malhar (criticar): *Mes élèves, ne tirez pas sur vos professeurs.* f& 1. *se faire tirer l'oreille* = fazer-se de rogado: *On a invité Paul à la fête et il s'est fait tirer l'oreille.* 2. *s'en tirer* = sair-se bem: *François vit seul, mais il s'en tire.* 3. *tirer à conséquence* = ter conseqüências: *Attention, tes attitudes tireront à conséquence.* 4. *tirer à sa fin* = estar chegando ao fim: *Malheureusement, le film tire à sa fin.* 5. *tirer-au-cul, tirer-au-flanc* = tirar o corpo fora: *Il tire-au-cul quand il est appelé a parler en public.* 6. *tirer l'épine du pied à* = tirar de uma fria: *Restez tranquille: je vais vous tirer l'épine du pied.* 7. *tirer les vers du nez à* = fazer falar: *Cet argent a bien su tirer le vers du nez à l'assassin.* 8. *tirer son origine, tirer sa source* = descender: *Les Français tirent leur source des Gaulois.* Cognato: tirar.

tocante f.; fam. Relógio: *La tocante est à moi?* [tocante (concernente): *touchant*].

tôle f. 1. Chapa (de aço, ferro): *C'est une grosse tôle.* 2. Xadrez (fam.: prisão): *La tôle reçoit des bandits.* [tola: *niaise, sotte*].

tomer t.d. Dividir em tomos, indicar: *Cette encyclopédie, il faut la tomer.* [tomar: *avaler, boire, prendre*].

tonte f. Tosquia: *Il est déjà passé par la tonte.* [tonta: *niaise, sotte*].

tontisse adj. Tapeçaria (feita de tosadura): *Cette toile tontisse a un aspect velouté.* [tontice: *bêtise, niaiserie, sottise*].

tonture f. **1.** Curvatura (do convés): *Il faut réparer la tonture du bateau.* **2.** Tosadura: *Aujourd'hui la tonture, c'est sûr.* [tontura: *étourdissement, vertige*].

topette f. Garrafinha (estreita e comprida): *Les topette sont cassées.* [topete: *toupet*].

toper t.d. Aceitar: *Monsieur Loret vient de toper votre propos.* [topar (encontrar): *rencontrer*].

topo m. **1.** Discurso (fam.): *Tu n'as pas besoin de faire un topo sur ce problème.* **2.** Mapa, plano: *Vous avez le topo de la randonnée?* [topo: *sommet*].

toque f. Barrete, touca: *Aux cérémonies, les toques sont habituels.* [toque: *son, touche*].

tore m. Toro (arq.): *La tore de cette colonne a bien été travaillée.* (geom.): *Ce type de circonférence engendre un tore.* [tora: *tronc*].

torpedo f. Conversível (carro): *Sa torpedo roule à une vitesse vertigineuse.* [torpedo: *torpille*].

tort m. Defeito, erro: *Mon tort: l'aimer trop.* f& **1.** *à tort* = injustamente: *Vous me dites cela à tort: ce n'est pas ma faute.* **2.** *à tort et à travers* = a torto e a direito: *Solange voyage à tort et à travers. Veinarde!* **3.** *à tort ou à raison* = com ou sem razão: *Ils se disputent à tort et à raison.* **4.** *avoir tort (de)* = estar errado, não ter razão: *Tu as tort de me croire ton ennemi.* **5.** *donner tort à* = desaprovar: *Mes parents donnent tort aux voisins qui les ont cachés.* **6.** *faire du tort à* = prejudicar: *Ces amitiés lui font du tort.* [torto: *tordu, tors*].

trace f. Traço, vestígio: *Des traces ont été laissées par terre.* f& *marcher sur les traces* = seguir o exemplo de: *La fille marche sur les traces de sa grand-mère.* [traça: *mite*].

train m. **1.** Andar, passo: *Son train est déjà lent.* **2.** Quarto (pernas de um quadrúpede): *On va acheter un train de devant.* **3.** Série: *Il nous faut envisager un train de problèmes* f& **1.** *à fond de train* = em disparada: *Le cheval s'est mis à fond de train.* **2.** *aller son train* = seguir seu caminho: *Les ouvriers ne font qu'aller leur train.* **3.** *être dans le train* = estar na moda: *La mini-jupe est dans le train.* **4.** *être en train* = estar em ação: *Notre plan est en train.* **5.** *être en train de* = estar + gerúndio do verbo principal: *Guillaume est en train de chanter.* **6.** *mettre en train* = começar a executar: *Il faut mettre en train le projet.* **7.** *prendre le train en marche* = pegar o bonde andando: *Quand elle est arrivée, elle a pris le train en marche.* **8.** *train de vie* = padrão de vida: *Quel est le train de vie des paysans dans votre pays?* Cognato: trem.

traire t.d. Ordenhar: *Le matin le fermier vient les traire.* [trair: *trahir*].

traitement m. **1.** Trato: *Les mauvais traitements des enfants par leurs parents est frappant.* **2.** Vencimentos: *Elle travaille peu mais touche un traitement considérable.* Cognato: tratamento.

transe f. Transe: *J'entrais en transe quand le sujet était politique.* [transa (gír.): *baise, bouffe*].

transit m. Trânsito (de mercadorias, passageiros): *Du Paraguay au Brésil quelles sont les marchandises en transit?* [trânsito (de veículos): *circulation*].

transplant m. Órgão transplantado: *Le transplant a bien répondu.* [transplante: *transplantation*].

trémolo m. Trêmulo (mús.): *Le trémolo de la guitare produit un son fatigant.* [trêmulo (vacilante): *tremblant*].

trêve f. Trégua: *Jeanne a demandé une trêve à Pierre.* [trevo: *trèffe*; trevas: *ténèbres*].

trip m. Viagem (gír.): *Les jeunes aiment les trips.* [tripa: *tripe*].

trillion m. Bilhão de bilhões: *Un trillion de gens s'entassent dans le monde.* [trilhão: *billion*].

troc m. Troca: *Je veux faire un troc avec toi, d'accord?* [troco: *monnaie*].

trombe f. Tornado, tromba: *La trombe a détruit tout ce qu'elle a trouvé.* [tromba (do elefante): *trompe*].

trope m. Tropo (figura de retórica): *Les poètes connaissent bien les tropes.* [tropa: *troupe*].

trotte f.; fam. Caminhada: *Je n'aime pas les trotes: elles me fatiguent.* [trote (dos cavalos): *trot*; trote (universitário): *bizutage*; trote (telefônico): *plaisanterie*].

tuba m. Tubo respiratório (equipamento de mergulho): *Le tuba nous permet de respirer.* Cognato: tuba.

turista f.; fam. Doença gastro-intestinal: *La turista n'est jamais bienvenue.* [turista: *touriste*].

turne f. Chiqueiro (casa ou cômodo sujo): *Le mendiant rentre tous les soirs à sa turne.* [turno: *tour*].

user t.d. **1.** Estragar: *Elle use tous ses livres.* **2.** Usar (gastar): *Ce four use trop de gaz.* [usar (vestir-se com): *porter*; usar (ter o hábito de): *pratiquer*; usar (fazer uso de): *utiliser*].

vaccine f. Vacina (varíola bovina): *La vaccine a été observée chez le bétail.* [vacina (substância microbiana com fim preventivo): [*vaccin*].

valet m. Criado, empregado: *Jean-Claude est le valet le plus ancien.* Cognato: valete (carta de baralho).

vedette f. **1.** Sentinela (soldado): *Le général a posé des vedettes à l'entrée de la ville.* **2.** Vedeta (lancha): *La vedette vient de partir.* f& *mettre en vedette* = colocar em destaque: *La nouvelle de sa mort a été mise en vedette.* Cognato: vedete.

veille f. **1.** Véspera: *Martine arrive, mais sa soeur est morte la veille.* **2.** Vigília: *On est encore conscient dans l'état de veille.* [velha [*vieille*].

vélar m. Herbácea crucífera (bot.): *Le vélar est bon pour soigner l'enrouement.* [velar (cobrir com véu): *voiler*; velar (passar a noite acordado): *veiller*; velar (rel. ao véu palatino): *vélaire*].

vénal adj. Venal (que pode ser vendido): *Je suis fier de ne pas être un homme vénal.* [venal (rel. às veias): [*veineux*].

ver m. Verme: *Ce n'est pas agréable le ver.* [ver (v.): *voir*].

verbaliser int. Lavrar um auto de infração: *L'agent m'a dit qu'il va verbaliser.* [verbalizar: *exposer verbalement*].

vers prep. **1.** Em direção a: *Marcel part vers Madrid.* **2.** Por volta de: *On viendra vers 20 h.* m. **3.** Vermes: *Les vers ne sont pas beaux à voir.* Cognato: verso.

versatile adj. Inconstante: *Laura est très versatile, tu verras.* [versátil: *personne aux compétences multiples*].

verse f. Versa (agr.): *À la campagne, la verse est toujours désastreuse.* f& *à verse* = a cântaros: *La pluie qui tombe à verse m'effraie.* [verso: *vers*].

version f. Versão (interpretação, variante): *On veut savoir votre version.* [versão (tradução da língua materna para a língua estrangeira): *thème*].

verso m. Reverso: *Il fait des notes au verso des feuilles.* [verso: *vers*].

DICIONÁRIO DE FALSOS COGNATOS | 129

vespa f. Vespa (lambreta): *Une vespa l'a poursuivie pendant 2 h.* [vespa (inseto): *guêpe*].

veste f. Casaco: *Judith portait une veste bleue.* f& **1.** *prendre une veste (à un examen)*= levar bomba: *Ma fille a pris une veste au bac.* **2.** *retourner sa veste* = virar a casaca: *Tu as retourné ta veste? Maintenant tu veux partir?* [veste: *habit, vêtement*].

vestibulaire adj. Vestibular (anat.): *L'examen vestibulaire du médecin a été suffisant pour confirmer la maladie.* [vestibular (exame para admissão em curso superior): *sem equivalente*].

viager adj.; m. Vitalício: *Monsieur Legrand a déjà mis sa rente en viager.* [viajar: *voyager*].

victoria f. **1.** Vitória (carro antigo): *Les filles de la reine se promenaient em victoria.* **2.** Vitória-régia: *Il a plongé et m'a apporté une victoria.* [vitória (triunfo): *victoire*].

vide adj.; m. Vazio: *Notre vide, c'est à cause de déceptions.* [vide (fórmula para remissão): *voir*; vida: *vie*].

vielle m. Sanfona, viela: *La vielle a été mise sur le lit.* [velha: *vieille*].

vilain adj.; m. **1.** Feio: *Henri est beau, mais Pierre est vilain.* **2.** Maldoso, mau: *Préfères-tu les vilains aux bons?* Cognato: vilão (plebeu; rústico; sórdido).

villa f. Casa, vila (habitação ampla e confortável): *La villa Collins est somptueuse.* [vila (cidadezinha; conjunto de pequenas habitações): *village*].

ville f. Cidade: *Quelle ville avez-vous déjà connue en Italie?* [vila: *village*].

violine adj. Roxo: *L'instrument violine est à lui.* [violino: *violon*].

violon m. **1.** Xadrez (fam.; prisão): *L'agent l'a mis au violon.* **2.** Violinista (numa orquestra): *Écoutons le violon.* **3.** violino: *Victor va apprendre à jouer du violon.* [violão: *guitare*].

violoniste m. Violinista: *Victor espère devenir un grand violoniste.* [violonista: *guitariste*].

visage m. Cara, rosto: *Si jeune, elle a déjà un visage vieilli.* [visagem (visão): *fantôme*].

vive f. Peixe-aranha: *L'enfant a trouvé une vive dans le sable.* [viva: *vivante*].

vivre m. Víveres: *Le vivre et le logement sont chers à Paris.* [viver: *vivre*: int.; t.d.].

voiture f. Carro: *André vient d'acheter une belle voiture.* Cognato: viatura.

vol m. Roubo: *Son vol a été grandiose.* Cognato: vôo.

volte f. Volta (equit.): *Le cheval a bien exécuté la volte.* (mar.): *La volte du navire a été nécessaire.* [volta (linguagem comum): *rentrée, retour, tour*].

votre adj. Seu (sua): *Patrice, votre dictée est pénible.* Cognato: vosso(a): (formal).

vous pron. 1. O(s) senhor(es), a(s) senhora(s): *M. Robert, vouz pourriez me donner un renseignement?* 2. Você(s): *Charles et Alice, avez vous fait vos devoirs?* Cognato: vós (formal).

zélateur m. Adepto: *À cause de quelques miracles, ce missionnaire a conquis plusieurs zélateurs de sa secte.* [zelador: *concierge*].

zinc m.; fam. 1. Avião: *En temps de guerre, on voyait plusieurs zincs militaires survoler notre village.* 2. Balcão: *Tous les soirs nous pouvions observer ce triste jeune homme se pencher sur le zinc, complètement ivre.* 3. Barzinho: *On peut boire un verre dans quelque zinc de l'avenue Rimbaud.* Cognato: zinco.

zona m. Zona (doença cutânea): *Ce malade a du zona.* [zona (faixa, porção): *zone, région, secteur;* zona (do meretrício): *bas-fond, bordel*].

Parte 2

PORTUGUÊS | FRANCÊS

ABRÉVIATIONS ET SIGNES

abrév.	abréviation	mar.	maritime
adj.	adjectif	méd.	médicine
adv.	adverbe	milit.	militaire
agric.	agriculture	minér.	minéralogie
anat.	anatomie	mod.	moderne
anc.	ancien	mus.	musique
antiq.	antiqüité	myth.	mythologie
archéol.	archéologie	n.	nom
archit.	architecture	naut.	nautique
arg.	argot	num.	numéral
artill.	artillerie	opt.	optique
astron.	astronomie	pathol.	pathologie
bot.	botanique	péj.	péjoratif
charpent.	charpenterie	pers.	personne
chim.	chimie	philo.	philosophie
conj.	conjonction	phys.	physique
dr.	droit	physiol.	physiologie
équit.	équitation	polit.	politique
f.	(nom) féminin	pop.	populaire
fam.	familier	prép.	préposition
fig.	figuré	pron.	(verbe) pronominal; pronom
foot.	football	qqn.	quelqu'un
géogr.	géographie	reg.	régional
géol.	géologie	rel.	relatif
géom.	géométrie	relig.	religion
gram.	grammaire	s.	singulier
ind.	(mode) indicatif	statist.	statistique
	(v.tr.) indirect	taurom.	tauromachie
inform.	informatique	tr.	transitif
interrog.	interrogatif	typogr.	typographie
invar.	invariable	v.	verbe
jur.	juridique	vulg.	vulgaire
lang.	langage	zod.	zodiaque
littér.	littérature	zool.	zoologie
liturg.	liturgie	zoot.	zootechnie
loc.	locution	=	correspond à
m.	(nom) masculin	f &	locutions

136 | DICIONÁRIO DE FALSOS COGNATOS

abismar tr. Étonner: *Esse cantor veio para abismar o público.* Cognat: abîmer (jeter dans l'abîme).

abonado adj. Garanti: *Depois de viúvo, ficou abonado.* [abonné: *assinante*].

abordagem f. Approche: *Ele fez uma abordagem pedagógica do tema.* Cognat: abordage (mar.).

abraço m. Embrassade: *Nem seu abraço pode segurá-la por mais tempo.* [embrasse (de rideau): *braçadeira*]

absurdo m. Absurde: *Condenar um padre é absurdo.* [absoudre: *absolver*].

acenar intr. Faire signe: *As crianças acenaram na despedida.* [assener: *dar (bofetada, soco, paulada)*].

achatar tr. Aplatir: *Ele achata todos os sapatos.* [acheter: *comprar*].

acordar intr. Réveiller: *Vou acordar o menino.* Cognat: accorder (mettre en accord; mettre un instrument du même diapason; concéder).

adiante adv. Au-devant de: *Os cubanos estavam adiante dos americanos.* [adiante (m.; bot.): *adianto*].

adição f. Addition, somme: *Faça agora a adição, por favor.* [addition (au restaurant): *conta*].

adoçar tr. Adoucir: *Já adoçou tudo?* [adosser: *encostar*].

aéreo adj. Aérien: *O espaço aéreo está sendo vigiado.* [aérium: *sanatório*].

afamado adj. Fameux: *Esse menino é afamado há muito tempo.* [affamé: *faminto*].

afecção f. Affection (maladie): *É uma simples afecção.* [affection (sentiment): *afeição*].

afinar (instruments musicaux) tr. Accorder: *Sou eu que vou afinar as flautas.* Cognat: affiner (rendre plus fin).

DICIONÁRIO DE FALSOS COGNATOS | 137

afluir intr. Affluer: Os *candidatos afluíam de toda parte*. [afflouer (bateau, navire): *desencalhar*].

agente m. f& **1**. *agente secreto* = espion: *Assassinaram o agente secreto*. **2**. *agente funerário* = croque-mort: *Agora é só procurar o agente funerário*. Cognat = agent.

agora adv. Maintenant: *A conferência começou agora*. [agora: *ágora*].

agrião m. Cresson: *Vovó quer plantar agrião*. [agrion: *donzelinha* (zool.)].

albergue m. Auberge: O *velho foi parar no albergue*. [albergue: *alperche*].

aleijar tr. Estropier: O *peso pode aleijar o cavalo*. [alléger: *aliviar, alijar*].

algo pron. Quelque chose: *Coma algo antes de sair*. [algue: *alga*].

alisar tr. Lisser: *A próxima etapa é alisar a superfície*. [alisier: *lódão*].

alto adj. Grand, haut: *José é considerado alto*. [alto (mus.): *contralto*].

amante n.; adj. Amant: *Os amantes foram encontrados no chão*. [aimant: *ímã*].

amarrar tr. Ficeler, garrotter: *Amarre o cachorro e deixe-o latir*. Cognat: amarrer (naut).

amassar tr. **1**. Chiffoner: *Cuidado para não amassar a saia*. **2**. Pétrir: *Amasse bem a massa do pão*. [amasser: *amontoar*].

amoroso adj. Affectueux: *Seu filho é tão amoroso!* [amoureux: *apaixonado; namorado*].

anal adj. Anal: *Seu problema é anal*. [annal (dr.): *anual*].

andante adj. Allant: *João tornou-se andante do dia para a noite*. Cognat: andante (mus.).

apontamento m. Note: *Tenho vários apontamentos no escritório*. [appointements: *vencimentos*; appontement (mar.): *pontão*].

apontar 1. tr. Montrer (du doigt): *Pare de apontar seu colega, Flávio!* **2**. tr. Pointer (arme; crayon): *Apontou-me o revólver sem piedade*. **3**. intr. Se pointer (apparaître): *De repente, ela apontou no final da rua*. [apponter: *aterrizar*].

aportar 1. tr.; mar. Conduire: *Agora decidiram aportar o navio.* **2.** intr. Aborder: *Vamos aportar amanhã de manhã.* [apporter: *trazer, levar*].

aproximação f. Approche: *A aproximação de Lucas me perturbou.* [approximation: *aproximação, estimativa*].

ar m. Air: *O ar está muito agradável.* [air (mus.): *ária*].

arborização f. Plantation d'arbres: *Iniciou-se o projeto de arborização.* Cognat: arborisation (minér.).

arcano m. Arcane: *O arcano será em breve quebrado.* [arcanne (charpent.): *giz de cera*].

arrasar tr. **1.** Accabler: *O professor não deveria arrasar os alunos.* **2.** Détruire: *O incêndio arrasou a cidade.* [araser: *nivelar*].

asa f. Aile: *Dizem que os anjos têm asas.* [aise: *satisfação*].

asilo m. Hospice (de vieillards, d'enfants abandonnés): *Vamos fazer uma visita ao asilo?* Cognat: asile (lieu de refuge).

assolar tr. Dévaster: *A chuva deverá assolar o campo.* [assoler: *afolhar*].

atender tr. **1.** Accueillir: *A secretária atendeu os alunos até a noite.* **2.** Recevoir: *Quem pode me atender agora?* [attendre: *aguardar*].

atirar 1. tr. Jeter: *Romilda atirou os papéis pela janela.* **2.** intr. Tirer: *O marginal atirou no pobre homem.* [attirer: *atrair*].

atitude f. Attitude: *Sua atitude impressionou o maestro.* [aptitude: *aptidão*].

auge m. Apogée: *Ela está no auge!* [auge: *cocho*].

autor m. Auteur: *Pintor, Ismael revelou-se também autor.* [autour: *ao redor*].

avental m. Tablier: *Meu avental rasgou.* [éventail: *leque*].

aviso m. Avertissement: *Você não viu o aviso?* Cognat: aviso (mar.).

axila f. Aisselle: *Cuidado para não cortar a axila.* [axile (bot.): *áxil*].

baba f. Bave: *Sua baba me faz vomitar.* [baba: *doce;* baba (arg.): *bicho-grilo*].

babá f. Fille au pair: *Essa aluna é também babá.* [baba: *doce;* baba (arg.): *bicho-grilo*]

baderna f. Pagaille: *Isso aqui está uma baderna!* [bademe: *velho ignorante*].

bafo m. Haleine: *O bafo do bêbado me fez correr.* [bafie: *bofetada*].

baga f. Baie: *As bagas foram lançadas ao chão.* [bague: *anel; argola*].

bagagem f. Bagage: *Felizmente, a bagagem já está preparada.* [baguage (aux oiseaux): *anilhamento;* baguage (des arbres): *incisão*].

bago m. Grain: *Damos alguns bagos aos pássaros para alimentá-los.* [bague: *anel; argola*].

bailar int. Dançar: *Amélia bailou a noite inteira.* [baîller: bocejar]

baile m. Bal: *O diretor não admite bailes na escola.* [baille: *bocejo*].

bala f. Caramel: *Não comprarei mais balas para o menino.* [balle: *bola* (petite), *grana* (arg.)]. Cognat: balle (projectile).

balada f. Ballade (littér.): *Os cariocas fizeram uma balada para a Argentina.* [balade: *passeio*].

balcão m. Comptoir: *Todo dia ele se debruça no balcão até o amanhecer.* Cognat: balcon.

balé m. Ballet: *Laura só entende de balé.* [balai: *vassoura*].

balsa f. Ferry-boat: *Essa balsa está muito leve.* Cognat: balsa (sorte de bois).

banco m. Banque: *Os marginais destruíram os bancos.* Cognat: banc.

banda f. Fanfare: *Ontem, uma banda fez muito barulho perto de casa.* [bande: *bando; faixa*].

banha f. Graisse: *João sujou-se todo na banha.* [bagne: *presídio*].

banho m. Bain: *Ele foi forçado a entrar no banho.* [bagne: *presídio*].

banquete m. Banquet: *O banquete já está pronto.* [banquette: *banqueta*].

barata 1. f. Blatte, cafard: *A loja está repleta de baratas.* **2.** adj. Bon marché: *Ela só compra se for barata.* Cognat: baratte (qui bat le beurre).

barbante m. Ficelle: *Para isso, não serve barbante.* [barbant: *chato*].

bastos m. pl. Housse: *Não encontramos os bastos nem as rédeas.* [bastos (arg.): *cartucho*].

bater tr.; ind.; intr. Battre: *Bateu no pobre animal sem piedade.* [bâter: *albardar*].

batimento m. Battement: *Você verificou os batimentos?* [bâtiment: *construção*].

batom m. Rouge à lèvres: *Usou o batom para seduzi-lo.* [bâton: *bastão*].

baú m. Bahut: *Racharam o baú ao meio.* [bau: *vau*].

beque m. Arrière (foot.): *O beque atrai a atenção dos visitantes.* [bec: *bico*].

berço m. Berceau: *O berço tem florzinhas azuis.* [berce (bot.): *canabrás*].

bicha f. **1.** arg. Pédéraste: *Nessa região, vemos muita bicha.* **2.** Ver: *Disse-me para acabar com as bichas.* [biche: *cerva*].

bicho m. Bête: *Havia muitos bichos na planície.* [biche: *cerva*].

bidê m. Bidet: *O menino encheu o bidê de água.* [bide: *bucho* (pop.)].

bife m. Bifteck: *O bife é o que temos de melhor.* [biffe (pop.): *infantaria*].

bile f. Bile: *A bile é esverdeada.* [bille: *bola*].

bilhão m. Milliard: *Nossa dívida é de dois bilhões de francos.* [billion: *trilhão*].

bilhete m. Billet: *Há bilhetes espalhados pelo chão.* [billette: *graveto*].

binóculo m. Jumelle: *As lentes do binóculo quebraram.* [binocle: *lornhão*; binocles: *óculos*].

biscoito m. Biscuit: *Adoro biscoito pela manhã.* [biscotte: *torrada*].

blazer m. Blazer: *O blazer é bastante usual.* [blaser (tr.): *corromper*].

bloco m. Bloc: *Os blocos foram quebrados um a um.* [blocus: *bloqueio*].

blusa f. Blouse: *A professora sujou toda sua blusa.* [blouse (de travail): *jaleco*]

boa adj. Bonne: *Agindo assim, parece boa.* [boa (m.): *boa* zool.].

bobo adj.; m. Niais: *O bobo fez a menina chorar.* [bobo (lang. des enfants): *dodói*].

boi m. Boeuf: *Sua netinha tinha medo dos bois.* [bois: *bosque; madeira*].

bola f. Ballon: *A criança estragou a bola.* [bol: *tigela*].

boliviano m. Bolivien: *Esse boliviano não vale nada.* Cognat: boliviano (monnaie de la Bolivie).

bolo m. Gâteau: *Vou lhe dar um bolo de presente.* [bol: *tigela*].

bombom m. Bonbon (au chocolat): *Ele não gosta de bombom de chocolate branco.* [bonbon (caramel): *bala*]

bonde m. Tramway: *As crianças vieram de bonde.* [bond: *pulo*; bonde: *comporta*].

bonita adj; f.: Belle: *Prefere só as bonitas.* [bonite: *atum*].

borracha f. **1.** Caoutchouc: *Já partiram à procura da borracha.* **2.** Gomme: *Marcos estragou a borracha.* [bourrache (bot.): *aborragem*].

borrar tr.; intr. Tacher: *A secretária borrou o papel.* [bourrer: *bater; encher; socar*].

botar 1. tr. Mettre: *Ele botou tudo no lugar em dois dias.* **2.** tr.; intr. Pondre: *Elas botaram menos que no mês passado.* [botter: *calçar as botas; fazer botas para; satisfazer*].

bote m. **1.** Botte, attaque: *O bote foi perigoso.* **2.** Canot: *Esse bote foi abandonado.* [bot: *aleijado*].

braço m. Bras: *O atleta só tinha um braço.* [brasse: *braça; braçada*].

bradar tr.; intr. Vociférer: *Bradei que queria o casaco.* [brader: *liquidar*].

brando adj. Doux: *Foram destruídas a fogo brando.* [brande (f., bot): *urze*].

bravo adj. Féroce: *Seu cachorro não é muito bravo.* Cognat: bravo (vaillant).

briga f. Dispute: *Ela foi envolvida na briga.* [brigue: *trama*].

brim m. Jean: *Esse brim é resistente.* [brin: *fio; broto; pouquinho*].

brisa f. Brise: *A brisa na primavera é agradável.* [brize (bot.): *liliáceas*].

bucha f. Bourre (d'une arme): *Preciso preparar a bucha.* [bouche: *boca*; bûche (de bois): *acha*; bûche (pop.): *pamonha*; bûche (de Noël): *rocambole*].

bucho m. Crépine: *Está com o bucho perfurado.* [bouche: *boca*].

bula f. Posologie: *Leia a bula com atenção.* [bulle (des B.D.): *balão*; bulle (d'air, gaz, peau): *bolha*]. Cognat: bulle (du pape).

bule m. Cafetière, théière: *Os bules estão cheios.* [bulle (des B.D.): *balão*; bulle (d'air, gaz, peau): *bolha*]. Cognat: bulle (du pape).

burrada f. Ânerie: *Pedro fez uma burrada com seu amigo.* [bourrade: *pancada*; bourrée: *feixe de gravetos*].

burro m. Âne: *Esse burro aparece mais que os outros.* [bourre: *estofo*; bourreau: *carrasco*; bure: *buril; poço*].

buscar tr. Chercher: *Ela foi buscar o tapete.* [busquer: *espartilhar*].

cabo m. **1.** Câble: *O cabo foi cortado.* **2.** Manche: *As crianças usam o cabo para brincar de cavalinho.* [cabot: *cabotino*]. Cognat: cabot (mil.).

caça f. Chasse: *Rodrigo me mostrou a caça.* [casse: *cássia* (bot.); *caixa* (typogr.); *ferro-velho; quebra*].

caçar tr. Chasser: *Disseram-me que devo caçá-lo.* [casser: *cassar; demitir; quebrar*].

cacho m. **1.** Boucle: *Luís não gosta dos cachos de Elisa.* **2.** Grappe: *Sou eu que vou ajeitar os cachos.* **3.** Régime: *São necessários dois cachos por dia para o chimpanzé.* [cachot: *solitária* (prison)].

caco m. Tesson: *Ele juntou todos os cacos.* [caque: *barrica*].

cafetão m. Souteneur: *Ela detesta o cafetão.* [cafetan: *cafetã*].

caixa 1. f. Boîte: *Já contaram as caixas do armazém.* **2.** m. Caissier: *Ele indicará qual será o caixa.* Cognat: caisse.

cal m. Chaux: *Com as mãos cheias de cal, não podia escrever.* [cal: *calo*].

calar tr.; intr. Taire: *Veja se consegue fazê-la calar!* Cognat: caler.

calcar tr. Fouler, tasser: *Vamos calcá-la até às 17 h.* [calquer: *decalcar*].

caldeira f. Chaudière: *Quase caímos na caldeira.* Cognat: caldeira (géol.).

calo m. Cal: *Seria aconselhável tirar os calos.* [cale: *calço; doca; estiva* (mar.)].

calote m. Grivèlerie: *Deram um calote surpreendente.* [calotte: *calota; solidéu*].

cama f. lit: *Eli vendeu o relógio para comprar a cama.* [came (de "cocaïne" - arg.): *coca*; came (d'une machine): *dente*].

câmbio m. Crange: *Observaremos o câmbio com cuidado.* Cognat: cambium (bot.).

camisola f. Chemise de nuit: *Agitava-se freneticamente em sua camisola.* [camisole (anc.): *colete*; camisole (de force): *camisa*].

campo m. **1.** Campagne: *Prefere o campo para descansar.* **2.** Champ: *Esse campo não é muito fértil.* **3.** Domaine: *Não me interesso por esse campo.* **4.** Terrain: *O campo foi invadido pelos torcedores.* [camp: *acampamento* mil.]. Cognat: camp (mil.; polit.).

cana f. Canne: *D. Maria vai cortar toda a cana.* [cane: *pata* (volaille); canna: *cana-da-Índia;* canne: *bengala*].

cancro m. Chancre: *Descobrimos infelizmente um cancro.* [cancre: *pára-quedista* (arg. scolaire).

canela f. Tibia, devant de la jambe: *Mônica quebrou a canela pela segunda vez.* Cognat: cannelle.

caneta f. Stylo: *A caneta está falhando.* [canette (de coutûre): *canela;* canette (boisson fraîche): *lata;* canette (volaille): *patinha*].

canga f. Joug: *Estão todos atados à canga.* Cognat: cangue.

canhão m. Canon: (artill.): *À noitinha, chegaram com seus canhões.* [cânon: *cano* (d'une arme); *cânone; garrafa; gato* (arg. jeune homme très beau)].

canja f. Bouillon de poule au riz: *Tomaremos a canja depois deles.* [cange: *barco a vela* (au Niger)].

cano m. Tuyau: *Você poderia consertar o cano?* [cane: *pata* (volaille); canna: *cana-da-Índia;* canne: *bengala*].

cantar tr.; intr. Chanter: *Cantar é sempre emocionante.* [canter (m.): *canter* (turfe)].

cantora f. Chanteuse: *Gostaria de tornar-me uma boa cantora.* [cantatrice: *cantora clássica; cantora de ópera*].

capa f. **1.** Couverture: *Não gostei da ilustração da capa.* **2.** Imperméable: *Mesmo com a capa azul, molhava-se toda.* Cognat: cape.

capital f. **1.** Capitale: *A capital foi destruída.* **2.** Chef-lieu: *Essa capital não é muito expressiva.* Cognat: capital m.

capitão m. Capitaine: *O capitão pensa que pode tudo.* [capitan (anc.): *fanfarrão*].

capítulo m. Chapitre: *Ela não soube descrever o capítulo.* Cognat: capitule (bot.).

capricho m. Soin: O *aluno fez o trabalho com capricho*. Cognat: caprice.

caprichoso adj. Soigneux: Os *colegas admiram-no por ser caprichoso*. Cognat: capricieux.

carecer ind. Manquer: *Norma carece de alegria*. [caresser: *acariciar*].

carga f. Charge: *Eles deixaram cair a carga*. [cargue (mar.): *carregadeira*].

cargo m. Poste: *Qual o cargo de Eduardo?* [cargo: *cargueiro*].

carma m. Karma: *Rosa não aceita seu carma*. [carme: *carmelita*].

carme m. Ode, poème: *Esse carme foge às regras*. [carme: *carmelita*].

carne f. 1. Chair: *A carne sente o que o coração pensa*. 2. Viande: *Aline pagou caro por essa carne*. [carne (pop.): *carne ruim*].

carpete f. Maquette: *Colocarei carpete novo na sala*. [carpette: *tapete* (petit)].

carriola f. Brouette: Os *meninos adoram brincar com a carriola*. [carriole: *charrete*].

carro m. Voiture: *Era João quem dirigia o carro*. [car: *ônibus*; carre: *ângulo*].

carroça f. Charrete: Os *velhos seguiram viagem na carroça*. [carrosse: *carruagem*].

carruagem f. Carrosse, coche: *Joaquim recusa-se a ir até a carruagem*. [charruage: *aração*].

cartão m. Carte: *Júlia acabou de receber um cartão do Rio*. [carton: *caixa de papelão; papelão*].

cartilagem f. Cartilage: *Agora vamos estudar a cartilagem*. [quartilage (statist.): *obtenção de quartis*].

casa f. Maison: *Iremos visitá-la em casa*. [case: *choupana; subdivisão*]. Cognat: case (sur plateaux des jeux; d'abeilles).

casaca f. Habit: *Ele está muito elegante com essa casaca*. [casaque: *jaqueta* (des jockeys)].

casar tr.; intr. Marier: *Seu pai foi quem casou a filha menor.* [caser: *colocar (placer qqn)*].

casca f. Écorce: *A casca que a protegia se partiu.* [casque: *capacete; casco (des oiseaux); fone de ouvido; secador*].

casco m. **1.** Coque (mar.): *O casco está com rachaduras.* **2.** Sabot: *Os cascos foram todos cortados.* [casque: *capacete; casco (des oiseaux); fone de ouvido; secador*].

casto adj.; m. Chaste: *Não falaremos dos castos.* [caste f.: *casta*].

catarro m. Catarrhe: *Seu maior problema é o catarro.* [cathare: *cátaro* relig.].

cavaleiro m. Chevalier: *Os cavaleiros foram recebidos com alarde.* Cognat: cavalier.

cavalo m. Cheval: *Partiu a cavalo sem que percebêssemos.* [cavale (littér.): *égua*; cavale (arg.): *fuga*].

cédula f. **1.** Billet: *É preciso separar as cédulas de maior valor.* **2.** Bulletin de vote: *Não sei preencher a cédula.* Cognat: cédule.

cela f. Cellule: *Se soubesse como era a cela, teria fugido.* [cela pron.: *aquilo, isso, isto*].

cena f. Scène: *Muitos atores participaram da mesma cena.* [cène: *Santa Ceia*].

cenário m. Décor: *É um especialista em cenário.* [scénario: *roteiro*].

censura f. Reproche: *Fizeram-nos a censura que esperávamos.* Cognat: censure.

cepa f. Cep: *O garoto estragou a cepa.* [cèpe: *cogumelo comestível*].

certo adj. Correct: *Fizemos tudo certo.* [certes: *certamente*].

cesta f. Panier: *Largou a cesta no chão e saiu correndo.* Cognat: ceste.

cesto m. Panier: *Traz sempre o cesto na mão.* Cognat: ceste.

chá m. Thé: *Sua avó prefere chá.* [chat: *gato*].

chance f. Opportunité: *Esse exame foi uma chance para ela.* [chance: *sorte*].

chanceler m. Chancelier: *Após a homenagem, saiu chanceler.* [chanceller: *cambalear*].

chapa 1. f. Plaque: *Onde está a chapa que deixei sobre a mesa?* **2.** m.; fam. Pote: *Adriano é meu chapa.* [chape: *capa*].

chapelão m. Grand chapeau: *O moleque chutou o chapelão.* [chapelain: *capelão*].

chapeleta f. Petit chapeau: *O religioso deixou cair sua chapeleta.* [chapelet: *rosário*].

charrete f. Carriole: *A charrete caiu no abismo.* [charrette: *carroça*].

chata adj. **1.** Embêtante: *Minha vizinha é uma chata.* **2.** Plate: *Toda essa região é chata e quente.* [chatte: *gata;* chatte (vagin, pop.): *xoxota*]

chatear tr. Embêter: *Mamãe me chateia sempre.* [châtier: *castigar*].

chiar intr. Regimber: *O doente chia muito durante a noite.* [chier (vulg.): *cagar*].

chicote m. Fouet: *O sobrinho escondeu o chicote.* [chicot: *lasca*].

chifrar tr.; vulgo Cocufier, encorner: *Sou eu que vou chifrá-lo.* [chiffrer: *cifrar, enumerar*].

chifre m. Corne: *Quantos chifres tem?* [chiffre: *algarismo; cifra*].

chifrudo adj.; m. Cocu (vulg.): *A imagem do chifrudo aterroriza os homens.* Cognat: cornu.

chique adj. Chic: *Ela é realmente chique.* [chique: *bicho-de-pé; pedaço de tabaco para mascar; casulo*].

chuchu m. Chayote: *Quero te mostrar o chuchu que preparei.* [chouchou: *queridinho*].

chutar tr.; intr. **1.** Donner un coup de pied: *Chutou o amigo sem motivo.* **2.** Faire un shoot: *Soube chutar com calma.* [chuter: *fracassar*].

chute m. Coup de pied: *O chute que levei foi doloroso.* [chute: *queda, tombo; queda, cascata;* shoot (arg. de drogué): *pico*]. Cognat: shoot (foot).

cidra f. Cédrat: *Álvaro preferiu cultivar cidras.* [cidre: *sidra*].

cigarra f. Cigale: *Patrícia feriu a cigarra.* [cigare: *cachola* (pop.); *charuto*].

cigarro m. Cigarette: *Gustavo detesta cigarro.* [cigare: *cachola* (pop.); *charuto*].

cílio m. Cil: *Seus cílios são longos e curvados.* [scille (bot.): *albarrã, cila*].

cláusula f. Clause: *Leia a cláusula final.* [clausule (d'une strophe, d'une phrase oratoire ou d'un vers): *último termo*].

clique m. Déclic: *Execute o clique antes de entrar.* [clique: *conjunto dos tambores e clarins; corja*].

cloro m. Chlore: *Ele decidiu não pôr cloro.* [clore (littér.): *encerrar*].

cobra f. Serpent: *A cobra picou o pescoço do pescador.* [cobra: *naja*].

cocheira f. Écurie: *Passava pela cocheira quando o vi.* [cochère (de garage): *portão*].

cocho m. Abreuvoir: *A moça aproximou-se lentamente do cocho.* [coche: *carruagem*].

cocô m. Caca: *Não faça cocô no corredor.* [coco: *benzinho; cara* péj.; *coca* (de "cocaïne" - fam.); *comuna* (de "communiste"); *ovo* (lang. des enfants)]. Cognat: coco.

cola f. f& **1.** estar na cola de = être aux basques de: *A garota está sempre na cola de Rodrigo.* **2.** passar cola = souffler: *Os alunos não podem passar cola.* Cognat: cola; colle.

colchão m. Matelas: *Você não comprou o colchão que pedi.* [cochon: *porco*].

colega n. Ami: *Gostaria de lhe apresentar meu colega de trabalho.* Cognat: collègue.

coletar tr. Collecter: *Deverá coletar o que encontrar.* [colleter: *pegar pelo colarinho*].

colete m. Gilet: *Seu colete não está bonito.* [collet: *colo* (bot.); *gola; paleta*].

colocar tr. Mettre: *Felizmente, decidiram colocá-lo.* [colloquer (dr.): *inscrever*].

coma f. **1.** Chevelure: *Estava com uma grande coma.* **2.** Comma (mus.): *Não executou bem a coma.* Cognat: coma (med.).

comando m. **1.** Commandement: *Seu comando foi bem executado.* Cognat: commando. [commande: *encomenda, pedido; forçado*].

comemoração f. Commémoration: *Prometo fazer sua comemoração.* Cognat: comémoraison (littér.).

comercial m. Réclame: *O efeito do comercial nos surpreendeu.* [commercial: *gerente de vendas*].

cômodo m. Pièce: *Preciso esvaziar o cômodo.* [commode: *cômoda*].

comporta f. Écluse: *A comporta rompeu-se com a força da água.* [comporte (pour transporter des raisins): *balsa*].

comprimento m. Longueur: *Qual foi o comprimento que ele deu?* [compliment: *cumprimento*].

computação f. Informatique: *O jovem quer aprender computação.* [computation: *computação, cômputo*].

concerto m. Concert: *Assistiremos a um concerto inédito.* [concert: *acordo*]. Cognat: concerto.

concreto m. Béton: *O concreto custa às vezes muito caro.* [concreto (réel.): *concret*].

conde m. Comte: *O conde foi reconhecido por seus feitos.* [conde (arg. policier): *tira*].

conquistador m. Conquérant: *Qual deles é o melhor conquistador?* Cognat: conquistador.

consolo m. Consolation: *Dê-lhe o consolo de que tanto precisa.* Cognat: console.

constipação f. Rhume: *Madalena faltou hoje por causa da constipação.* Cognat: constipation.

consulta f. Consultation: *A consulta foi marcada para quarta-feira.* [consulte (en Corse): *assembléia geral*].

consumir tr.; intr. Consommer: *Devemos consumir menos.* Cognat: consumer.

conta f. Compte: *Essa conta não está bem feita.* [conte: *conto*].

contagem f. Comptage: *A contagem foi considerada duvidosa.* [contage (méd.): *causa material do contágio*].

contágio m. Contagion: *É provável que haja contágio.* [contage (méd.): *causa material do contágio*].

contar tr.; intr. **1.** Compter: *Vovô não sabe contar.* **2.** Raconter: *O escritor contava tudo a sua mulher.* Cognat: conter.

contar tr. Raconter: *Você pode contar tudo sem problemas.* Cognat: compter.

continência f. Garde-à-vous (mil.): *Decidiram não bater continência.* Cognat: continence.

contínuo adj. Continu: *Ele nos propôs um trabalho contínuo.* [continuo (m.): *contínuo* (mus.)].

contrato m. Contrat: *Preste atenção ao ver os contratos.* [contracté adj.: *contraído* (gram.)].

convento m. Couvent: *Breve, teremos mais um convento aqui.* [convent: *assembléia de maçons*].

convicto adj. Convaincu: *Convicto de seu erro, entregou-se.* Cognat: convict.

copa f. **1.** Coupe: *Infelizmente, perderam a copa.* **2.** Office: *Não gosto de comer na copa.* **3.** Touffe: *Esse tipo de copa faz muita sombra.* Cognat: coppa.

copo m. Verre: *Ganhei uma dúzia de copos.* [coupe: *copa*].

cor f. Couleur: *Essa cor me desagrada.* [cor: *calo; esgalho; trompa* (mus.)].

corante adj.; m. Colorant: *Não é necessário utilizar corante.* [courant: *corrente*].

corneta f. Trompette: *Fomos recebidos com cornetas.* [cornette: *touca* (de religieuses)].

corporal adj. Corporal: *A vida corporal é efêmera*. [corporal (m.; relig.): *corporal*].

corrente f. Chaîne: *Luísa quebrou novamente a corrente*. Cognat: courant.

corrida f. Course: *A corrida já começou*. Cognat: corrida. [corrida: *luta* pop.].

costumar tr.; ind. Accoutumer, habituer: *Sua mãe costuma chamá-lo bem cedo*. [costumer: *vestir*].

costume m. Coutume: *É um estranho costume o seu*. [costume: *terno; traje*].

couro m. Cuir: *A moça encomendou os couros*. [kouros ou couros: *estátua grega* (représentant un jeune homme)].

couvert m. Hors-d'oeuvre: *Não gostamos do couvert*. [couvert: *coberto, abrigo; talher*].

cozinheira f. Cuisinière (pers.): *A cozinheira está toda suja*. [cuisinière (électroménager): *fogão*]

craque n. Crack: *Ela é considerada uma grande craque*. [craque: *mentira deslavada*].

creme m. Crème: *Veio e trouxe o creme*. [crême (relig.): *santos óleos*].

criança n. Enfant: *Cristina não consegue ter uma criança*. [créance: *crédito*].

criar tr.; intr. Créer: *Para criar é necessário imaginação*. [crier: *gritar*].

crioulo adj.; m. Noir: *Tenho um amigo crioulo desde que nasci*. Cognat: créole.

cu m.; vulg. Cul: *Zezinho, pare de mexer no cu do gato*. [cou: *pescoço*].

culote m. Culotte (de cheval): *Gostaria de tirar este culote*. [culotte (viande): *alcatra*; culotte (vêtement): *bermuda; calção; calcinha*].

cupido m. Cupidon: *Depois do que fez, chamam-no de cupido*. [cupide: *cúpido*].

cúpula f. 1. Coupole: *Vemos a cúpula bastante colorida*. 2. Sommet: *A cúpula tem muito poder*. Cognat: cupule (bot.).

curar tr.; intr. Guérir: *O médico não conseguiu curá-la*. [curer: *limpar raspando*].

curativo m. Pansement: *A tia teve que fazer um curativo.* [curatif (adj.): *curativo*].

curso m. Cours: *Às 3 h, iremos ao curso.* [course: *compras; corrida; percurso*].

cuspida f. Crachement: *Pôs a mão na cuspida sem perceber.* [cuspide: *cúspide*].

custódia f. Garde: *Não lhe asseguram a custódia.* Cognat: custode (relig.).

dália f. Dahlia: *Acabamos de comprar as dálias que você encomendou.* [dalle: *laje*].

dama f. **1.** Dame (femme): *Parecia uma verdadeira dama.* **2.** Dames (jeu de): *A dama agrada muito ao vovô.* [damas: *damasco*].

danar ind. **1.** Causer du dommage: *O bêbado danou com tudo.* **2.** Gronder: *Seu pai vive danando com ele.* [damner: *condenar* (relig.); *atormentar*].

data f. Date: *Carla tem fixação por datas.* [datte: *tâmara*].

debutar intr. Débuter: *As meninas ão vêem a hora de debutar.* [débouter: *indeferir*].

decente adj.; m. Décent, convenable: *Os decentes são sempre inofensivos.* [descente: *descida*].

decorar tr. Apprendre, savoir par coeur: *Devemos decorar os maiores nomes da história.* [décorer: *condecorar*). Cognat: décorer (parer).

decoro m. Décorum: *Isso não se presta ao decoro.* [décor: *cenário; decoração*].

decote m. Décolleté: *Seu decote foi criticado por todos.* [décote: *exoneração* (sur une contribution)].

dedal m. Dé: *Não consegui encontrar um dedal.* [dédale: *dédalo*].

deparar intr. Tomber sur: *O professor deparou com o quadro de Monet.* [déparer: *enfeiar*].

depois adv.; prép. Après, puis, ensuite: *Depois do jantar, iremos ao cinema.* [depuis: *desde então; há, desde*].

derrotar tr. Faire subir une défaite: *O inimigo conseguiu derrotar nossos soldados.* [dérouter: *tirar da rota; desconcertar*].

derrubar tr. Renverser, terrasser: *José derrubou o relógio.* [dérober: *furtar; roubar; ocultar; dissimular*].

desabrochar intr. Éclore: *Neste mês, elas começam a desabrochar.* [débrocher: *desfazer uma brochura; tirar a carne do espeto*].

desastrado adj. Maladroit: *Seu jeito desastrado assusta-nos.* [désastreux: *desastroso, catastrófico*].

desastre m. Accident: *Ivo machucou-se no desastre.* Cognat: désastre.

desbotar tr.; intr. Décolorer: *A empregada insiste em desbotá-lo.* [débotter: *descalçar*].

desculpa f. Excuse, pardon: *Os jovens aceitaram bem a desculpa.* [découpe: *recorte* (dans un vêtement)].

desenho m. Dessin: *O menino mostrou-me os desenhos de Cristo.* [dessein: *desígnio*].

desfeita f. Offense, affront: *Lembra-se da desfeita dos grevistas?* [défaite: *derrota*].

desfiar tr.; intr. Effiler: *Eu a desfiei quando fui à festa.* [défier: *desafiar*].

desfiar-se pron. S'effiler: *Ela se desfiou ao primento movimento.* [se défier: *desconfiar*].

desgaste m. Usure: *O desgaste foi grande.* [dégat: *estrago, prejuízo*].

desgostar indo Déplaire: *Fernando desgostou da camisa que comprou.* [dégoter: *descobrir, encontrar*; dégouter: *enjoar, repugnar*; dégoutter: *gotejar, pingar*].

desmanchar tr. Défaire, démanteler: *A criança quis desmanchar o brinquedo.* [démancher: *desencabar*].

desmatar tr.; intr. Déboiser: *A ordem de desmatar já foi dada.* [démâter: *desmastrear*].

desnatar tr. Écrémer: *Lúcia vai desnatá-lo.* [dénatter: *destrançar*].

despensa f. Office: *Reservou a despensa para a compra de mantimentos.* [dépense: *despesa, gasto*].

desposar tr. Épouser: *O príncipe desposou a plebéia.* [déposer: *depor; depositar*].

detento m. Détenu: *O local estava repleto de detentos.* [détente: *expansão de um gás; distensão, relaxamento; gatilho*].

discutir intr.; ind. Disputer: *Os amigos sempre discutem à mesa.* [discuter: *conversar*].

disparate m. Sottise, non-sens: *Tomás fez um disparate.* [disparate: *discordante*].

dispensar tr. Dispenser: *Quantos você já dispensou?* [dépenser: *despender, gastar*].

distinto adj. Distingué: *São colegas distintos, sem dúvida.* Cognat: distinct.

ditame m. Dictamen: *Seria conveniente dar ouvidos aos seus ditames?* [dictame: *dictamo* (bot.); *bálsamo, consolo*].

dito m. Dicton: *Não reconheço esse dito.* [dito: *idem*].

divisar tr. Apercevoir, distinguer: O *público mal pôde divisar os comediantes.* [diviser: *dividir*]. Cognat: diviser (limiter).

donzela f. Demoiselle: *Muitas donzelas preferem o celibato.* [donzelle (péj.):*fulana*].

dourado adj.; m. Doré: *Ela me disse que preferia dourado, e eu, rosa.* [dourade (zool.): *dourada* f.].

dublê m. Cascadeur, doublure: *Nunca pensou que um dia seria dublê.* [doubleur: *repetente* (élève)].

eco m. Écho: *Aqui o eco é inevitável.* [écot: *cota*].

eleger tr. Élire: *É necessário eleger o que ainda temos de bom.* [élégir: *desbastar*].

elevador m. Ascenseur: *Nosso elevador está com defeito.* Cognat: élévateur.

embalar tr. Bercer: *Embale-o cuidadosamente até que durma.* Cognat: emballer.

embocar tr.; intr. Emboquer, emboucher: *Já o proibi de ir embocando.* Cognat: embouquer.

embrulhar tr. Envelopper: *O lojista embrulhou e enviou os presentes.* [embrouiller: *beijar*].

empatar intr.; tr. Égaliser: *Se empatassem, seria bom.* [empâter: *empastar; engordar* (volailles); empatter: *grampear*].

empenho m. Engagement, effort: *Na verdade, seu empenho muito o incomoda.* [empeigne: *gáspea*].

empresa f. Entreprise: *A empresa está nas mãos do novo diretor.* [emprise: *domínio*].

empresário m. Entrepreneur: Houve uma reunião com os empresários. Cognat: imprésario.

encaixar tr. Emboîter, ajuster: *Maria devia encaixar as garrafas na prateleira.* [encaisser: *encaixotar; receber* (argent); *agüentar*].

enfeitar tr. Orner: *Agora nos falta enfeitar a casa.* [enfaîter: *cobrir o telhado de*].

enganar tr. Tromper: *Na verdade, ele a enganou impiedosamente.* [engainer: *colocar na bainha*].

engraxar tr. Cirer: *Preciso de alguém que possa engraxá-los.* [engraîsser: *engordar*].

engrenagem f. Engrenage: *Não participo dessa engrenagem.* [égrenage: *debulha*].

engrossar tr.; intr. Épaissir: *Deve mexer para engrossá-la.* [engrosser (pop.): *embarrigar*].

enjoado adj. Dégoûté: *Parece-me que vive enjoado.* [enjoué: *jovial*].

enjôo m. Nausée: *Lembre dos enjôos que teve na última viagem.* [enjeu: *cacife; risco*].

enrolar tl. Enrouler: *Os velhos enrolaram os menores para aquecê-los.* [enrôler: *alertar; filiar-se*].

ente m. Être: *Qualquer ente merece atenção.* [ente: *enxerto*].

enviar tr. Envoyer: *A sogra enviou sua nora ao médico.* [envier: *invejar*].

errar intr. Commettre une faute: *Os jovens geralmente erram.* Cognat: errer.

esborrifar tr. Asperger: *Brincando, a garota esborrifou a saia da mãe.* [ébouriffer: *despentear*].

escarro m. Crachat: *Seu escarro está escuro.* [escarre: *escara*; square: *praça*].

escotismo m. Scotisme: *Fiz uma prova sobre o escotismo.* [scoutism: *escutismo*].

escritório m. Bureau: *Encontrará no escritório tudo de que precisa.* [écritoire: *escrivaninha*].

escrivão m. Notaire: *Tornou-se escrivão do dia para a noite.* [écrivain: *escritor*].

escutismo m. Scoutisme: *É um adepto do escutismo.* [scotisme: *escotismo*].

esgoelar intr. Gueuler: *De nada resolve esgoelar.* [égueuler: *deteriorar*].

esmalte m. Émail, vernis: *Esse esmalte é bonito.* Cognat: smalt (peinture bleue).

espada f. Épée: *Esta é a espada mais famosa de todos os tempos.* Cognat: espada.

esperteza f. Espièglerie: *A esperteza é sempre um bem?* [expertise: *vistoria*].

esperto adj. Espiègle, éveillé, fin, vif: *Os alunos espertos sobressaem-se.* [expert: *perito*].

espirituoso adj. Spirituel: *Esse rapaz é realmente espirituoso.* [spiritueux: *espirituoso* m.].

espirro m. Éternuement: *O professor deu um espirro na aula.* [spire: *espira*].

espora f. Éperon: *Ele não tem espora.* [spore: *espório*].

esquife m. Cercueil: *O esquife aproxima-se lentamente.* Cognat: esquif.

esquisitice f. Bizarrerie: *É conhecida por sua esquisitice.* [exquisité: *requinte*].

estábulo m. Étable: *O estábulo será aumentado.* [stable: *estável*].

estadia f. Séjour: *A estadia ainda não foi calculada.* [stadia (géom.): *estádia*].

estado m. État: *Olhe o estado dos jogadores!* [stade: *estádio; estágio*].

estágio m. Stage: *O segundo estágio da construção está definido.* [étage: *andar*].

estalagem f. Auberge: *Irei à estalagem após o almoço.* [étalage: *exposição* (de marchandises); *vitrina*].

estalar tr.; intr. Éclater: *Estalaram o vidro para comprovar sua resistência.* [étaler: *expor* (marchandises)].

estalo m. Claquement, craquement: *Preste atenção aos estalos.* [stalle: *estala*].

estância f. Ferme: *As estâncias são admiráveis.* Cognat: stances.

esterno m. Sternum: *O esterno foi duramente atingido.* [sterne (zool.): *andorinha-do-mar*].

estilo m. Style: *Henrique escreve num estilo bem diferente.* [stylo: *caneta*].

estoque m. Stock: *Devo arrumar o estoque até a noite.* Cognat: estoc.

estrada f. Route: *Os vencedores passaram pela estrada.* [estrade: *tablado*].

estrume f. Fumier: *Deveria tratar o estrume.* [strume (pathol.): *escrófula, estruma*].

estufar tr. Étuver: *Não sei como estufar corretamente os alimentos.* [étoffer: *estofar; enriquecer* (fig.)].

ético adj. Éthique: *Você não está sendo considerado ético.* [étique: *tísico, esquelético*].

expresso m. Express: *Chegou a Paris no expresso.* [exprès: *de propósito, intencionalmente*].

exterior m. Étranger: *Ficarei no exterior por cinco dias.* Cognat: extérieur.

facho m. Flambeau, torche: *Esse facho será nosso guia.* [facho (fam.): *facista*].

fada f. Fée: *Raquel parece uma fada.* [fada (fam.): *doido;* fade (adj.): insípido].

fagote m. Basson: *O fagote está atrás da porta.* [fagot: *feixe de lenha*].

faltar ind.; intr. **1.** Manquer (s'absenter): *Odete faltou ao trabalho;* **2.** Manquer (être insuffisant): *Falta açúcar no leite.* [fauter (se laisser séduire): *entregar-se*].

fantasia f. **1.** Déguisement: *Ela quer muito ver a fantasia que ganhou o concurso.* **2.** Fantaisie: *O cavaleiro vive de fantasias.* [fantasia: *corrida de cavaleiros árabes*].

fantasma m. Fantôme: *Sônia tem medo de fantasma.* Cognat: fantasme.

fardar t.d. Habiller d'uniforme: *A estilista foi escolhida para fardá-los.* [farder: *dissimular, mascarar; maquilar*].

fardo m. Fardeau: *Este fardo é muito pesado para sua idade.* [fard: *fingimento; pintura, maquilagem*].

faro m. Flair: *Seu faro está fraco.* [faro: *cerveja belga*].

fera f. Fauve: *Minhas crianças não gostam de feras.* [féra (famille des salmonides): *espécie de peixe*].

fiar tr **1.** Cautionner: *Ele fiará meu apartamento.* **2.** Filer: *Devo fiar todo o casaco.* **3.** Vendre à crédit: *Recuso-me a fiar sua compra.* [se fier: *confiar, fiar*].

fiasco m. Fiasco: *Sua apresentação foi um fiasco.* [fiasque: *garrafão* (revêtu de paille)].

fiel adj.; m. Fidèle: *O fiel também desagrada a muitos.* [fiel: *fel*].

figa f. Porte-bonheur: *Sofia jamais gostou de figas.* [figue: *figo*].

filar tr. Resquiller: *Joel filou mais um jantar.* [filer (réduire à fils): *fiar*]. Cognat: filer (mar.).

fim m. Fin: *Chegou exausta ao fim.* [fin (adv.): *completamente;* fin (adj.): *fino*].

fina adj. Fine: A bebida fina é a mais forte. [fine (f.): *aguardente*].

fino adj. Fin: O *presente era fino e caro*. [fin (adv.): *completamente;* fin (m.): *fim*].

floresta f. Forêt: *É preciso preservar as florestas.* [foret: *verruma*].

foco m. Foyer: O *veleiro saiu do foco.* [foc (mar.): *cutelo*].

fonte f. Fontaine: O *operário foi visto perto da fonte.* [fonte: *fundição, derretimento; coldre*].

fossa f. Cafard, déprime: *Nelson vive na fossa.* [fosse: *fosso*]. Cognat: fosse.

fracassar intr. Échouer: *A empresária fracassou pouco a pouco.* Cognat: fracasser (casser).

fracasso m. Échec: *Soube de seu fracasso ontem.* [fracas: *estrondo*].

frasco m. Flacon: *Não me lembro desse frasco.* [frasque: *travessura*].

frescura f. Chichi: *Chega de frescura, Luciana!* [xixi: pipi].

frete m. Fret: O *frete não sairá muito barato.* [frette: *aro de metal* (pour renforcer)].

frigideira f. Poêle: *Coloque os ovos na frigideira.* [frigidaire: *geladeira*].

frondosa adj. Feuillée: *Essa espécie parece ser das mais frondosas.* [frondeuse: *crítica, impertinente*].

fuga f. Fugue, fuite: *Você viu a fuga do artista?* [fougue: *arrebatamento*].

fumeiro m. Fumoir: O *fumeiro está cheirando mal.* [fumier: *esterco, estrume*].

gado m. Bétail: *Vimos uma parte do gado na estrada.* [gade (zool.): *gadídeo*].

galão m. **1.** Galon (ruban): *Enfeitaram-se com galões dourados.* **2.** Galon (milit.): *Os vitoriosos receberão seu galão.* Cognat: gallon.

galo m. **1.** Bosse: *O menino chegou com um galo na testa.* **2.** Coq: *O velho machucou o galo.* [gale: *sarna;* gane (bot.): *galha;* gallo: *dialeto da Bretanha*].

galope m. Galop: *O galope assustou Eduardo.* [galope: *instrumento usado na encadernação*].

gama m. **1.** Gamma (astron.): *Os pesquisadores já passaram do gama.* **2.** Gamma (fis.): *Pesa quantos gamas?* **3.** Gamma (lettre grecque): *O gama está escrito errado.* [gamme: *gama* f.].

gama f. **1.** Gamme (série de): *Há uma gama de estrelas a serem ainda estudadas.* **2.** Gamme (mus.): *Não reconheço a gama desta melodia.* [gamma: *gama* m.].

gangue f. Bande, gang: *Rubens foi cercado pela gangue.* [gangue: *ganga*].

ganso m. Jars: *Vovô decidiu comprar dois gansos.* [ganse: *alamar*].

garça f. Héron: *O rapaz correu até alcançar a garça.* [garce (péj.): *piranha, puta* (vulg.)].

garçonete f. Serveuse: *Estamos precisando de garçonetes.* [garçonnet: *mocinho*].

garrafa f. Bouteille: *Trouxeram-lhe uma garrafa de vinho.* [carafe: *jarra*].

garrafão m. Dame-jeanne: *Encha o garrafão de água.* [carafon: *jarrinha*].

garrote m. Veau: *Antônio vendeu seu último garrote.* Cognat: garrote.

gata f. Chatte: *Ela costuma ficar perto da gata.* Cognat: gatte (mar.).

gatão m. Grand chat: *O gatão era de um amarelo reluzente.* [chaton (zool.): *gatinho;* chaton (bot.): *amento*].

gato m. Chat: *Meu filho adora os gatos.* [gâteau: *bolo, doce*].

gasolina f. Essence: *Dessa vez a gasolina não está pura.* [gazoline: *éter de petróleo*].

gema f. Jaune d'oeuf: *Separe a gema em primeiro lugar.* Cognat: gemme.

gemer intr. Gémir: *De nada adianta gemer.* [gemmer: *gemar; sangrar* (arbres)].

genro m. Gendre, beau-fils: *Já escolheu o genro, não é?* [genre: *gênero*].

gentil adj. Gentil: *Carlos não foi gentil.* [gentil m.: *gentio*].

gerar tr. Enfanter, engendrer: *Disseram-lhe que nunca poderá gerar um filho* [gérer: *gerir*].

gesso m. Plâtre: *Ele colocou o gesso sobre a mesa.* [gesse: *cizirão* (bot.)].

gilete f. Lame de rasoir: *Disse-me que foi comprar gilete.* [gilet: *colete*].

girassol m. Tournesol: *Álvaro me trouxe um girassol.* Cognat: girasol (minér.).

gíria f. Argot: *Roberto proibiu-o de usar gíria.* [girie: *lamúria, afetação*].

golfe m. Golf: *Ana e Rosa foram ao golfe.* [golfe: *golfo*].

gorda adj.; f. Grosse: *Ela não gosta de ser gorda.* [gourde: *cantil*; gourde (fam.): *patet*].

gostar ind. Aimer: *Gosto muito de vinho tinto.* [goûter (v.): *experimentar*; goûter (m.): *lanche*].

gota f. Goutte: *Ele não viu a gota.* [goutte (adv.): *nada*].

governador m. Préfet: *Cláudio foi eleito governador.* Cognat: gouverneur (du pays).

grade f. Grille: *Essa grade é bastante alta.* [grade: *grado; patente*].

graduação f. Études supérieures: *Já terminou a graduação?* Cognat: graduation.

granja f. Ferme: *Helena herdou a granja de seu avô.* Cognat: grange.

grau m. 1. Degré: *Está fazendo quantos graus?* 2. Grade: *Ela está em que grau?* [grau: *desfiladeiro*].

gravador m. Magnétophone: *Eu escolhi o melhor gravador.* Cognat: graveur.

gravata f. Cravate: *Não sei onde você pôs as gravatas.* [gravats: *caliça, entulho*].

grávida f. Enceinte, grosse: *Parece que ela está grávida.* Cognat: gravide.

gravidade f. Gravité: *Márcia informou-os da gravidade.* [gravidité: *gravidez*].

grelar intr. Germer: *Observem quando começar a grelar.* [grêler: *cair granizo*].

grilo m. Grillon: *O menino caiu em cima do grilo.* [grille: *grade; grelha; quadro*].

grisalho adj.; m. Grisonnant: *Elas preferem os grisalhos.* [grisaille: *monotonia;* grisaille (tons gris.): *pintura monocromática*].

grogue adj; m. Groggy: *Grogue, não permitiram sua entrada.* Cognat: grog.

grosseria f. Grossièreté: *Não aceito mais as grosserias do João Luís.* [grosserie: *ferramentas fabricadas pelo serralheiro*].

grupo m. Groupe: *Já encaminharam o grupo que estava aqui?* [group: *malote*].

guardanapo m. Serviette: *Faltam guardanapos na mesa.* [garde-nappe: *descanso de prato*].

guerra f. Guerre: *O general não vê a guerra com medo.* [guère: *não muito*].

habilmente adv. Habilement: *Ele preparava tudo habilmente*. [habillement: *vestuário*].

hábito m. Habitude: *Minha irmã tem hábito de freira: rezar o dia todo*. Cognat: habit.

halo m. Halo: *Em torno dele, formou-se um halo*. [hâle: *bronzeamento*; halle: *entreposto, mercado*].

haver tl. Y avoir: *É preciso haver terra boa para a plantação*. [haver: *escavar*].

hera f. Lierre: *A casa estava cercada de hera*. [hère: *João-ninguém; veado jovem*].

histérico adj. Hystérique: *Tornou-se um histérico*. [stérique (quím.): *estéreo*].

hospício m. Asile (d'aliénés): *José foi encaminhado ao hospício*. [hospice (de vieillards, d'enfants abandonnés): *asilo*].

humor m. Humour: *Sua crônica está cheia de humor*. Cognat: humeur.

húngaro adj.; m. Hongrois: *Jamais conheci um húngaro*. [hongre: *capão*].

ilhota f. Ilot: o *inimigo atacou a ilhota*. [ilote (esclave spartiate): *hilota*].

ímã f. Aimant: *Wilson está à procura de ímãs*. [iman (rel. aux musulmans): *imame*].

importar tr. Importer: *Os passageiros quiseram importar vários produtos*. [emporter: *trazer*].

imposta adj. Imposée: *A obra foi imposta pelo arquiteto*. [imposte (f.; archit.): *imposta*.]

imposto m. Impôt: *Lá, não é necessário pagar impostos*. [imposé (adj.): *imposto*].

índio m. Indien: *Os índios tornam-se cada vez mais raros*. Cognat: indium.

índole f. Caractère, qualité: *Esse cientista não tem boa índole*. [índole (quím.): *indol*]

infante m. Infant: *Em sua família só há um infante*. [enfant: *criança; filho(a); menino(a)*].

interior m. Province: *O estrangeiro chegou ao interior*. Cognat: intérieur (foyer); partie interne.

jambo m. Jambose: *A criança esmagou o jambo.* [jambe: *perna*].

janta f. Dîner: *A janta já está pronta?* [jante: *aro*].

jaqueta f. Jaquette: *Pegue a jaqueta para seu pai.* [jacquet: *esquilo*].

jarra f. Carafe: *Pedi a Maria para procurar a jarra.* [jarre: *jarro, pote; pêlo* (mêlé à la laine des moutons)].

jato m. Jet: *Use o jato pela manhã.* [jatte: *tigela*].

jazer intr. Gésir: *Minhas tias jazem aqui.* [jazer: *tagarelar*].

jóia f. Bijou: *Ela o esperava cheia de jóias.* [joie: *alegria*].

jumento m. Âne: *Guilherme comprou dois jumentos.* [jument: *égua*].

jus m. Droit: *Ivone não tinha jus a beber.* f& *fazer jus a* = faire de son mieux pour: *Ele fez jus ao cargo.* Cognat: jus.

ladra adj.; f. Voleuse: *As ladras foram surpreendidas.* [ladre (littér.): *avaro*].

lama f. Boue: *As crianças brincavam com a lama.* [lame: *lâmina; onda*]. Cognat: lama.

lamento m. Plainte: *Marina escutou todos os lamentos.* Cognat: lamento (mus.).

lancem. 1. Jet (fam.): *Entendeu o lance?* **2.** Volée: *Quantos lances você contou?* [lance: *lança*].

lanterna f. Falot: *Ele pegou a lanterna e saiu.* Cognat: lanteme.

lápis m. Crayon: *Carlos deixou cair o lápis.* [lapis: *lápis-lazúli*].

lapso m. Lapsus: *Desculpe, foi um lapso, mas agora me lembro.* [laps: *lapso*].

laquê m. Laque: *Denise ainda prefere laquê.* [laqué: *laqueado*].

lar m. Foyer: *Estaremos protegidos em nosso lar.* Cognat: lare.

largo adj.; m. Large: *Qual rio? Prefiro o largo.* Cognat: largo; largue.

lascar tr. Écorner: *Não podem lascar nem um pouco.* [lascar: *decidido; espertalhão*].

lasso adj. Lâche: *Henrique não passa de um lasso.* [lasso: *laço*].

lata f. Boîte: *Serraram a lata para você.* [latte: *ripa*].

lavrador m. Laboureur: *O lavrador foi visto longe da mata.* [labrador: *cão de caça, feldspato*].

lebre f. Lièvre: *A abelha picou a lebre.* [lèvre: *lábio*].

legal adj.; arg. Chouette, super: *Esse procedimento não é legal.* [légal: *legal* (d'après la loi)].

legenda f. Sous-titre: *Não consigo ler a legenda.* [légende (fable): *lenda*]. Cognat: légende (inscription).

leitão m. Cochon: *Este leitão não serve mais pra nada.* [laiton: *latão*].

leitoa f. Truie de lait: *No almoço, mandei servir leitoa.* [laitue: *alface*].

lema m. Devise: *Qual era o seu lema?* Cognat: lemme (philo.).

leme m. Gouvernail: *Afastem-se do leme.* [lemme (philo.): *lema*].

lençol m. Drap: *O morto está coberto pelo lençol.* [linceul: *mortalha*].

lente f. Lentille: *Isolda pisou na lente.* [lente: *lêndea; lenta*].

lento adj.; m. Lent: *Os lentos ficarão por último.* Cognat: lento (mus.).

leste m. Est: *Moramos mais a leste.* [lest: *lastro*; leste: *lesto; leviano*].

letra f. Parole (mus.): *O cantor esqueceu a letra.* Cognat: lettre.

levante m. Révolte: *Os alunos provocaram um levante.* Cognat: *levanto*.

levar tr. 1. Amener: *O ciúme levou-o ao suicídio.* 2. Emmener: *Vou te levar de carro.* 3. Emporter: *Pode levar o livro com você.* 4. Mener: *O ônibus levou-os pela manhã.* 5. Porter: *Leve o pacote até a casa do Juca.* [lever: *encerrar; erguer; levantar; recolher; suprimir; crescer; germinar*].

libra f. 1. Balance (zod.): *Sou de gêmeos e ela, de libra.* 2. Livre (monnaie): *Recebeu as libras que esperava.* [libre (adj.): *livre*].

licença f. Congé: *Ela pediu uma licença para poder descansar.* Cognat: licence.

licenciar tr. Accorder une licence: *O diretor permitiu licenciá-la.* [licencier: *despedir*].

liga f. 1. Alliage: *É necessário que se façam algumas ligas.* 2. Jarretelle: *Para Tânia, as ligas são indispensáveis.* Cognat: ligue.

ligar tr. 1. Allumer, brancher: *Já ligaram o rádio.* 2. Appeler: *Vou ligar para a Sandra.* 3. Lier: *Todos gostariam de ligá-los para sempre.* [liguer: *aliar*].

limão m. Citron: *Há muito limão no chão.* [limon: *limo*].

limonada f. Citronnade: *Filhinho, prepare uma limonada.* [limonade: *boteco; soda limonada*].

liso adj. Lisse: *O corredor está muito liso.* [lise: *areia movediça*].

livrar tr. Délivrer: *Os bandidos irão livrá-lo logo.* [livrer: *entregar*].

livre adj. Libre: *Todos querem ser livres.* [livre (f.): *libra;* livre (m.): *livro*].

lobo m. Loup: *O lobo foi atingido.* Cognat: lobe (anat); lobe (bot.).

loja f. Boutique, magasin: *Seu cunhado está na loja.* [loge (abri rudimentaire): *choupana;* loge (théâtre): *camarim; camarote;* loge (bot.): *célula;* loge (archit): *galeria;* loge (du concierge): *apartamento*].

longe adv. Loin: *Assim ele irá longe.* [longe: *lombo; loro*].

lote m. Lot: *Resolveu comprar lotes.* [lotte: *peixe-pescador*].

luar m. Clair de lune: *O luar inspira-me medo.* [loueur: *locador*].

lucro m. Profit: *Foi grande o lucro da empresa.* Cognat: lucre.

luva f. Gant: *Viram uma luva no jardim.* [louve: *loba*].

luxo m. Luxe: *Às vezes, o luxo é necessário.* [louche (défaut de vision) adj.; n.: *vesgo;* louche (ustensile) f.: *concha*]

macaco m. 1. Cric: *Você pode me trazer o macaco?* 2. Singe: *O tio de Dolores tem um macaco.* Cognat: macaque.

macarrão m. Spaghetti: *O macarrão está quente.* [macaron: *button; maçapão; pancada* (pop.)].

macho adj.; m. Mâle: *É a terra dos machos.* [mâche: *erva-benta*].

mais adv. Plus: *Das flores, ela gosta mais de rosas e cravos.* [mais: *mas*; maïs: *milho*].

major m. Major: *Só o major poderá ir.* [majeur: *maior*].

mala f. Malle, valise: *Foi embora com suas malas.* [mâle: *macho*].

malandro adj.; m. Galopin, vaurien, voyou: *Você deve evitar os malandros.* [malandre (zool.): *malandres*; malandre (bois): *podre*].

mameluco m. Métisse d'indien et blanc: *Fabiana casou-se com um mameluco.* Cognat: mamelouk.

mana f.; fam. Frangine: *Ele trará sua mana à festa:* Cognat: mana.

maná m. Manne, aubaine (fig.): *Cabe a nós descobrir o maná da vida.* Cognat: mana.

mancar intr. Boiter, clocher: *Após o acidente, passou a mancar.* [manquer: *falhar; faltar; errar; perder*].

mancha f. Tache: *Sua blusa tem uma mancha.* [manche: *manga; mangueira; cabo*].

mandar tr. 1. Envoyer: *Mandei-lhe a carta pelo correio.* 2. Faire faire: *Ele mandou fechar a porta.* [mander: *mandar vir*].

manga f. Manche (vêtement): *Cristina quer cortar as mangas da camisa.* [mangue (fruit): *manga*].

mangue m. Marais: *Ela está no meio do mangue.* [mangue (fruit): *manga*].

manilha f. Tuyau: *O rapaz quebrou a manilha.* Cognat: manille.

manjar 1. tr. Épier, piger: *Para manjar tudo, preste atenção.* **2.** m. Mets, blanc-manger: *O manjar estava delicioso!* [manger: *comer*].

manso adj. Doux: *Ele deveria ficar mais mais manso.* [manse: *pequeno feudo*].

manta f. Couverture: *A manta estava sobre a cadeira.* [mante (zool.): *louva-a-deus*]

maquinista m. Mécanicien: *O maquinista perdeu o controle.* Cognat: machiniste.

marchante m. Marchand de bestiaux: *Já velho, tornou-se marchante.* [marchand: *comerciante, negociante, vendedor*].

marmota adj.; f. Chamarrure: *Joana, uma marmota. Coitada!* Cognat: marmotte (zool.).

marrom adj.; m. Brun: *Para a festa, ela preferiu o marrom.* [marron: *castanha*; marron (pop.): *pancada*].

marroquino m. Marocain: *Meus pais não gostam de marroquinos.* [maroquin: *marroquim*].

mas conj. Mais: *Não deixará a casa, mas irá ao campo.* [mas: *casa de campo; fazenda*].

mascar tr.; intr. Mâcher, mastiquer: *Luizinho gosta de mascar e masca o tempo todo.* [masquer: *mascarar*].

máscara f. Masque: *Leda usa máscara nos bailes.* [mascara: *rímel*].

matar tr. Tuer: *Ele decidiu matá-la.* [mater: *dar xeque-mate; domar* fig.; *espiar; macerar*].

matraca f. **1.** Bavarde; jaseur: *A matraca perseguia-o.* **2.** Moquerie, raillerie: *Está cansado de matracas.* Cognat: matraque.

mediante prép. Moyennant: *Aceitará a proposta mediante esse acordo.* [médiante (mus.): *mediante*].

melar tr. Emmieller: *Gosta de melar o bolo?* [mêler: *misturar*].

mentor m. Mentor: *O mentor da faculdade acaba sempre sendo ouvido.* [menteur: *mentiroso*].

mercearia f. Épicerie: *A empregada foi à mercearia.* [mercerie: *bazar*].

mesa f. Table: *Observe a mesa e descreva-a.* Cognat: mesa (géol.).

mesura f. Révérance, salut: *Gisele só se preocupa com mesuras.* [mesure: *medida*].

meter intr.; vulg. Baiser, foutre: *O maníaco só pensava em meter.* [mettre: *colocar, pôr*].

metro m. Mètre: *Quantos metros temos nessa passagem?* [metro: *metrô*].

migalha f. Miette: *Há muitas migalhas no chão.* [mygale (zool.): *migala*].

mil num. Mille: *Colheram mil sacas.* [mil: *sorgo*]. Cognat: mil (dates).

milhar m. Millier: *Milhares de pessoas passam fome.* [milliard: *bilhão*].

mimosa adj.: Délicate, gracieuse, mignone: *Que flor mais mimosa.* Cognat: mimosa (bot.).

mineral m. Minéral: *Nesse caso, a escolha dos minerais é importante.* [minerai: *minério*].

míssil m. Missile: *Onde foi parar o míssil?* [missel: *missal*].

mito m. Mythe: *Não quero mais ouvir falar de mitos.* [mite: *ácaro; traça*].

mixa adj. Insignifiante: *A festa foi muito mixa.* [miche: *miche*].

mocho 1. adj. Écomé: *Vendeu todo o gado mocho.* **2.** m. Chat-huant, hibou: *Os mochos assustam os peregrinos.* [moche: *feio, mixo*].

moela f. Gésier: *A moela foi-lhe arrancada.* [moelle: *medula*].

moer tr. Moudre: *Clarice quer moer tudo.* [muer: *estar na muda*].

mola f. Ressort: *A mola não está boa.* [mole (pathol.): *mola*; mole (zool.): *peixe-lua*]. Cognat: mole (archit.).

molar m. Molaire: *Devem extrair os molares.* [mollard (pop.): *escarro*].

mole adj. Mou: *A terra aqui está mole.* [mole (pathol.): *mola*; mole (zool.): *peixe-lua*]. Cognat: mole (archit.).

momo m. **1.** Moquerie: *Lá vem ela com momos*. **2.** Représentation mimique: *Foram assistir a momos*. [môme: *criança; moça, mulher*].

monarquismo m. Monarchisme: *Alguns grupos defendem o monarquismo*. [monachisme: *monasticismo*].

monitor m. Écran (ordinateur): *O monitor está com defeito*. [monitor: *moniteur*].

moral f. Morale (philo.): *Qual é a moral dessa questão?* [moral: *moral* m.].

morno adj. Tiède: *Espere até ficar morno*. [morne: *abatido*].

moroso adj. Lento: *Lucas parece-nos bem moroso*. [morose: *casmurro*].

morrer intr. Mourir: *Só lhe falta morrer*. [mûrir: *amadurecer*].

morte f. Mort: *A morte amedronta a todos*. Cognat: morte.

moto f. Moto: *Jogou a moto em cima do rapaz*. [motte: *terrão*].

mula f. Mule: *Essa mula não serve mais*. [moule (f.): *mexilhão*; moule (m.): *molde, fôrma*].

muleta f. Béquille: *Patrícia arranhou sua muleta*. [mollet: *barriga da perna*; mulet: *mulo; tainha*; muleta: *pau* (du torero); mulette: *mexilhão*].

mundana f. Prostituée: *Todos acusaram a mundana*. [mondaine: *da alta sociedade*; mundana (relig.)].

munição f. Munition: *Recebeu a munição que precisa*. [monition (relig.): *admoestação*].

município m. Commune: *O município está bem administrado*. [municipe (antiq.): *cidade*].

mural m. Placard: *As notícias estão no mural*. [mural (adj.): *mural*].

muro m. Mur: *O muro caiu*. [mûr: *maduro*].

museu m. Musée: *Esse museu é muito admirado*. [museau: *cara* (fam.); *focinho*].

musse f. Mousse (f.): *Soraia adora musses*. [mousse (m.; mar.): *grumete*].

napa f. Peau fine: O *móvel foi coberto com napa*. [nappe: *camada, lençol, nuvem; toalha de mesa*].

nata f. Creme: *A menina não gosta de nata*. [natte: *esteira; trança*].

novela f. Feuilleton: *Vovó não perde as novelas da televisão*. Cognat: nouvelle (littér.).

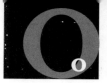

obséquios m. Faveur: *Abra a porta, por obséquio.* [obsèques: *exéquias*].

oco adj. Creux: *O pau está oco.* [hocco: *mutum*].

óculos m.pl. Lunettes: *Esses óculos são muito pequenos.* [oculus (archit.): *óculo*].

oficina f. **1.** Atelier: *O pintor encontra-se na oficina.* **2.** Garage: *Seu carro ainda está na oficina.* [officine: *farmácia de manipulação; oficina* (fig.)].

ombro m. Épaule: *A viúva procura um ombro para chorar.* [ombre: *sombra*].

ônibus m. Autobus: *Os alunos perderam o ônibus.* [omnibus: *trem*].

ordenador m. Ordonnateur: *É o ordenador que fará tudo.* [ordinateur: *computador*].

original adj. Originel: *Mara cometeu o pecado original.* Cognat: original.

ou conj. Ou: *Ficará ou irá ao cinema?* [où: *onde*].

outro pron. Autre: *Os outros ficaram por último.* [outre (prép.): *além (de)*; outrem. *odre*].

ova f. Oeufs: *Não sabemos preparar a ova.* [ove (archit.): *óvalo*].

ovo m. Oeuf: *Usarei esse ovo para o adorno.* [ove (archit.): *óvalo*].

pagem 1. f. Nourrice: *Esta pajem é muito bela.* **2.** m. Garçon d'honneur: *O garoto parecia um pajem.* [page: *página*].

pagode m. Plaisanterie, moquerie: *Eles fizeram muito pagode.* Cognat: pagode.

paisano adj. Civil. *Alcides é apenas um gentil paisano.* [paysan: *camponês*].

palanque m. Planche, plateau: *A meninada subiu no palanque.* Cognat: palanque.

palestra f. Conférence: *O doutor Pereira foi à palestra.* Cognat: palestre.

palhaço m. Clown: *Riram demais do palhaço.* [paillasse: *colchão de palha; prostituta*]. Cognat: paillasse (anc.).

palma f. Paume: *Juliano tem um corte na palma esquerda.* Cognat: palme (feuille du palmier; triomphe).

palmares m.pl. Palmeraies: *Os palmares são a grande atração do momento.* [palmarès: *parada de sucessos; relação de laureados*].

palmo m. Paume: *Contamos mais de dez palmos.* [palme: *pé de pato*]. Cognat: palme (feuille du palmier; triomphe).

pano m. Étoffe: *Não é com qualquer pano que se pode trabalhar.* [panne: *pelúcia; pane*]. Cognat: panneau.

pantalona f. Pantalon large: *Estava muito elegante com sua pantalona.* [pantalon: *calça comprida*].

papo m. **1.** Jabot: *O papo estava inchado.* **2.** Papotage: *Certos papos chamam-nos a atenção.* [pape: *papa*].

paquete m. Paquebot: *O paquete atravessou o Atlântico.* [paquet: *pacote*].

parada f. Arrêt: *Chegou atrasado à parada.* [parade: *defesa; exibição*]. Cognat: parada (mil.).

parar tr.; intr. Arrêter: *Ele parou a mulher sem saber o que fazia.* [parer: *enfeitar; evitar; prévenir*].

parque m. Parque: *Alguns parques são misteriosos.* [parque (mythol.): *parca*].

passada f. Enjambée: *O bêbado deu várias passadas e caiu.* [passade (amoureuse): *aventura*; passade (équit.): *manejo*].

passagem f. Billet, ticket: *Carla perdeu sua passagem.* Cognat: passage.

passe m. Billet, ticket: *Já encontrou o passe?* Cognat: passe.

pastel m. Pâte en croûte: *Milene não gosta de pastel.* Cognat: pastel.

pata f. Cane: *Primeiro vamos cortar a pata.* [pâte: *massa, pasta*]. Cognat: patte.

pavê m. Tarte, gâteau: *O pavê está muito duro.* [pavé: *calçamento; calhamaço*].

peão m. Péon: *O jogador derrubou o peão.* [pion: *inspetor de alunos*].

pelada f. **1.** Match: *Depois da pelada, sentiu fortes dores.* **2.** Nue: *Qualquer pelada causa-lhe arrepios.* Cognat: pelade (méd.).

pele f. Peau: *Cristina está com a pele esfolada.* [pelle: *pá*].

pelota f. Ballon: *O time visitante sumiu com a pelota.* Cognat: pelote.

pena f. **1.** Penne, plume (à écrire): *Pegou firmemente a pena;* (d'oiseau): *Tiraram-lhe quase todas as penas.* **2.** Compassion: *Não tive pena do passarinho.* [pêne (de la serrure): *lingüeta*]. Cognat: peine.

pensamento m. Penseé: *Evite pensamentos sujos.* [pansement: *curativo*].

pepino m. Concombre: *Ele esqueceu os pepinos.* [pépin (fam.): *guarda-chuva*; pépin (bot.): *pevide, semente*]. Cognat: pépin; (pop.): problème).

perigoso adj.; m. Dangereux, périlleux: *Amolar faca às vezes é perigoso.* [périgueux: *esmeril*].

pesada 1. adj. Pesée, lourde. *A égua não estava pesada.* **2.** f. Pesée: *A pesada não foi bem feita.* [pesade (équit.): *empino*].

pessoa f. Personne: *Nenhuma pessoa poderá entrar.* [personne (pron.): *ninguém*].

pião m. Toupie: *As crianças brincavam com o pião.* [pion: *inspetor de aluno*].

picador m. Piqueur: *O picador correu perigo.* [picador (taur.): *picador*].

pilar m. Pilier: *O pilar recebeu vários golpes.* [pillard: *saqueador*].

pimenta f. Poivre: *A pimenta não está muito ardida.* [piment: *pimentão*].

pinta f. Moucheture: *Ela está cheia de pintas.* Cognat: pinte.

pintado 1. adj. Peint: *A cerca foi pintada ontem.* **2.** m. Poisson du Brésil: *Lúcia adora comer pintado.* [pintade: *galinha de angola*].

pintar tr.; intr. Peindre: *O casal pintou até o amanhecer.* [pinter (boire trop): *enxugar*].

pipa f. Cerf-volant: *Rubens escondeu a pipa do Felipe.* [pipe: *cachimbo*]. Cognat: pipa (zool.).

pipi m. Zizi; *Joãozinho, não mexa no pipi.* Cognat: pipi.

pique m. Coupe: *O prisioneiro recebeu vários piques.* [pique (cartes): *paus*]. Cognat: pique (lance).

piquete m. Piquet: *O piquete acompanhou-se de muito barulho.* [piquette: *zurrapa*].

pisar int Marcher: *É proibido pisar na grama.* [pisser (pop.): *mijar*].

pistola f. Pistolet: *Carregava as pistolas sempre consigo.* Cognat: pistole.

placar m. Score: *O resultado está no placar.* [placard: *armário; cartaz; granel* (tip.); *moldura* (de portes et fenêtres); *pasquim; placa* (couche épaisse)].

plaina f. Rabot, plane: *O operário perdeu de vista a plaina.* [plaine: *planície*].

plana adj. Plane, platte: *Tinha uma terra toda plana à sua frente.* [plaine: *planícies*; plane f.: *plaina*].

planta f. Plante: *Devemos ver as plantas com atenção.* [plainte: *lamúria, queixa*; plant: *muda; viveiro*].

platina f. Platine: *A platina está bem lisa.* [platine f.: *placa, lâmina*].

pobreza f. Pauvreté: *A pobreza causa pena.* [pauvresse: *mendiga*].

pois conj. Donc: *Vamos almoçar logo, pois precisamos ir ao médico.* [puis: *depois*].

polar adj. Polaire: *A vida polar vem sendo muito pesquisada.* [polar (m.; arg.): *filme* ou *romance policial*].

pólo m. Pôle: *Seu sonho é conhecer o pólo.* Cognat: polo.

polpa f. Pulpe: *As polpas são bem saborosas.* [poulpe: *polvo*].

poltrona f. Fauteuil: *De raiva, chutou a poltrona.* [poltronne: *covarde*].

ponte f. Pont: *Essa é a última ponte.* [ponte (m.): *ponto* (au baccara); ponte (f.): *postura* (d' oeufs)].

ponto m. Point: *Chegamos ao ponto final.* [pont: *ponte*].

porque conj. Parce que: *Seguirá no navio, porque é marujo.* [porque (mar.): *pródigo*; pourquoi: *por que* (interrog.)].

portanto conj. Donc, partant: *Estudou, portanto irá bem no exame.* [pourtant: *porém*].

porteira f. Grille: *Encontramos três porteiras na estrada.* [portière: *portinhola*]. Cognat: portière (littér.).

porto m. Port: *O porto traz-lhe lembranças da infância.* Cognat: porto.

poste m. Poteau: *Colocaram propagandas políticas no poste.* [poste: *correio; aparelho; cargo; posto* (endroit)].

pote m. Pot: *Meu pote está muito velho.* [pote (pop.): *chapa*].

potência f. Puissance: *Não é uma grande potência.* [potence: *cavalete; força*].

prato m. Assiette: *Vou trocar o prato.* [plat: *travessa*]. Cognat: plat.

precisar tr.; ind. Avoir besoin de: *Preciso contar-lhes o que houve.* Cognat: préciser.

prefeito m. Maire: *Marcaram a reunião dos prefeitos.* [préfet: *delegado* (de police); *governador* (du département)].

prender tr. Arrêter: *A polícia ainda não conseguiu prendê-lo.* [prendre: *pegar, tomar; tirar* (photos)].

pressa f. Hâte: *A pressa não nos leva a nada.* [presse: *imprensa; prensa*].

preta adj.; f. Noire: *Ela queria comprar uma blusa preta.* [prête: *pronta*].

primo m. Cousin: *Terei prazer em receber seu primo.* [prime: *brinde; prêmio; prima* (1ᵉ heure canonique); *linha* alg.].

príncipe m. Prince: *Os súditos não entendiam o príncipe.* [principe: *princípio*].

procurar tr. Chercher: *Jaime procura emprego para a irmã.* [procurer: *arranjar, conseguir; causar; adquirir*].

projetor m. Projecteur: *Ainda hoje chegará o novo projetor.* [projeteur: *projetista*].

propriedade f. Propriété: *Já contratei duas faxineiras para a propriedade.* [propreté: *limpeza*].

pulo m. Saut: *Seu pulo assustou o lavrador.* [poule: *galinha*].

puxar tr. Tirer: *Puxa a porta ao sair.* [pousser: *empurrar*].

quadrilha f. Bande de voleurs: *Estão à procura da quadrilha*. Cognat: quadrille.

quadro m. Tableau: *Devemos selecionar o melhor quadro*. [cadre: *alto funcionário; executivo; moldura*]. Cognat: cadre (travailleurs d'une entreprise).

qualquer adj. Quelconque: *Leia um livro qualquer*. [quelque: *algum*].

qualquer coisa pron. N'importe quoi, une chose quelconque: *Diga-me qualquer coisa*. [quelque chose: *algo, alguma coisa*].

qualquer um pron. N'importe qui, quiconque: *Qualquer um poderá fazer o serviço*. [quelqu'un: *alguém*].

quarteirão m. Pâvé de maisons: *O quarteirão foi cercado pelos policiais*. [quarteron: *pardo; punhado*; quartier: *bairro; quarta parte; quartel*].

quarto m. Chambre: *Eles ficam no quarto até amanhã*. [quarto: *em quarto lugar*].

quilo m. Kilo: *Comprou os quilos que faltavam*. [quille: *garrafa de boliche; quilha* (d'embarcation)].

quina f. Coin: *Augusto acertou a cabeça na quina*. Cognat: quine.

quinta f. Manoir: *O velho deu uma quinta ao netinho*. [quinte: *acesso de tosse*].

quintal m. Arrière-cours: *Esse quintal está estranho*. Cognato: quintal.

rabo m. Queue: *Quebram-lhe o rabo*. [rabot: *plaina, rabote*].

radiar tr.; intr. Irradier, rayonner: *Esse homem radia sabedoria*. [radier: *riscar da lista*].

ralar tr. Râper: *O menino ralou o pé*. [râler: *estertorar; ralhar, resmungar*].

ralhar intr.; ind. Gronder: *José está sempre ralhando com os filhos*. [railler: *zombar*].

ralo m. Râpe: *Esse ralo está muito velho*. [râle (méd.): *estertor*].

rama f. Branchage (bot.): *Colheram todas as ramas*. [rame: *estaca; rama* (industrie textile); *remo; resma; vagão*].

ramo m. Rameau: *Destruíram até os ramos*. [rame: *estaca; rama* (industrie textile); *remo; resma; vagão*].

ranger tr.; intr. Grincer: *Ele não pára de ranger*. [ranger: *arrumar; estacionar; margear*].

rapaz m. Jeune hornrne: *Tornou-se um rapaz elegante*. [rapace (adj.): *rapace*].

raso adj. Ras: *O lago nesse ponto está raso*. [ras: *rente*].

rata f. **1.** Impair (arg.): *Foi uma grande rata a dele*. **2.** Rate (zool.): *Recursaram-se a mexer com a rata*. [rata (arg.): *gororoba*].

rebater tr. Rebattre: *Deveriam rebater tudo o que encontrassem*. [rebâtir: *reconstruir*].

receita f. Ordonnance: *Mamãe perdeu a receita pela segunda vez*. Cognat: recette.

recordar tr.; ind. Rappeler, se souvenir: *Vovô gosta de recordar os bons tempos*. [recorder: *encordoar*].

recurso m. Ressource: *Iremos definir os recursos necessários para o projeto*. Cognat: recours.

reencontro m. Nouvelle rencontre; retrouvailles: *Nosso reencontro foi emocionante*. [rencontre: *encontro*].

refeição f. Repas: *Passou da hora da refeição.* [réfection: *conserto*]. Cognat: réfection (relig.).

reforma f. Réparation, restauration: *Os operários iniciaram a reforma.* Cognat: réforme.

refrigerante m. Boisson fraîche: *O consumo de refrigerante aumentou.* Cognat: réfrigérant.

regência f. Régime (gram.): *Não reconheço essa regência que o professor ensinou.* Cognat: régence (polit.).

regente m. Chef d'orchestre: *O regente foi bem recebido pelo público.* [régent: *administrador, gerente*]. Cognat: régent (polit.).

regressar intr. Rentrer, retourner, revenir: *Regressaram da praia ontem à noite.* [regresser: *regredir, recuar*].

rei m. Roi: *Os reis entregaram a coroa.* Cognat: reis (de l'Empire turc).

relento m. Serein: *O relento não lhe faz bem.* [relent: *fedor*].

remarcar tr. Réduire le prix: *Deve remarcar com atenção essas mercadorias.* [remarquer: *notar, observar*].

remarcável adj. À remarquer (marchandise): *Os produtos não poderão ser remarcáveis.* [remarquable: *notável*].

remeter tr. Envoyer: *A secretária vai lhe remeter as informações.* [remettre: *adiar; entregar; perdoar; (re)colocar; recomeçar; restabelecer-se*].

remoer tr. Remoudre: *A cozinheira não costuma remoer a carne.* [remuer: *(re)mexer*].

rente adj.; adv. Ras: *Passou rente ao banco sem me ver.* [rente: *renda, rendimento*].

reparar intr.; ind. Apercevoir, faire attention: *Repare este quadro: não é lindo?* Cognat: réparer.

repartir tr. Répartir: *A guia repartiu os passageiros.* [repartir (int.): *partir novamente; voltar;* repartir (tr.;littér.): *retrucar*].

retardado adj. Attardé, arriéré: *Jonas está realmente retardado*. [retardé: *atrasado*].

retornar intr. Retourner: *Todos retornaram da festa cedo*. [retourner (tr.): *devolver; inverter; mexer; virar; virar do avesso*].

retrato m. Portrait: *Seu retrato foi criticado*. [retrait: *encolhimento; retirada; saque* (bancaire)].

retreta f. Fosse, latrines: *Estavam perto da retreta quando desabou o temporal*. [retraite: *aposentadoria; recuo; refúgio* (relig.); *retirada*].

rever tr. Revoir: *Gostaria de rever meu amigo*. [rêver: *imaginar, pensar; sonhar*].

riscar tr. Rayer, barrer: *Os adolescentes riscaram o muro*. [risquer: *arriscar; correr o risco de*].

rodar int; tr. Rouer, rouler: *Eles rodavam na grama como crianças*. [rôder: *amaciar* (moteur)].

rogo m. Prière, supplication: *Para que serve esse rogo?* [rogue: *ovas*].

rolo m. Rouleau: *O rolo foi todo desfeito*. [rôle: *papel* (d'un acteur); *rol*].

romã f. Grenade: *Minha tia não conhecia romã*. [roman: *romance; romano* (langue)].

romano m. Romain: *Esse romano é muito religioso*. [roman: *romance; romano* (langue); romeno: *roumain*].

romeno m. Roumain: *Ele nos apresentou o romeno*. [roman: *romance; romano* (langue); romain: *romano* (de Rome)].

rota f. Direction: *Saíram sem saber a rota*. Cognat: rote.

ruela f. Ruelle: *Não sei onde fica tal ruela*. [rouelle: *rodela*].

ruir intr. S'écrouler: *Tudo poderá ruir de um momento para outro*. [rouir: *pôr de molho* (tissu)].

rumo m. Chemin, cours: *André pegou um rumo desconhecido*. [rhume: *resfriado*].

russo m. Roux: *Os russos são discriminados aqui*. [rousse (f.): *polícia; ruiva*].

sabor m. Saveur: *Que sabor é esse?* [sabord (mar.): *portinhola*].

sacada f. Balcon: *Viviane canta na sacada insistentemente.* [saccade: *soquinho* (fig.)].

sacar tr. **1.** Piger (arg.): *Sacou o que lhe disse?* **2.** Retirer (argent): *Jorge sacou tudo o que tinha.* [sacquer: *despedir*].

sacramento m. Sacrement: *Desrespeitaram alguns sacramentos.* [sacrément: *pra lá de* (pop.)].

safra f. Récolte: *Tome cuidado com a safra deste ano.* Cognat: safre.

sagüi m. Saï: *Esse sagüi é indesejável.* [sagouin: *porco* (fam.)].

saiote m. Jupon: *Helena pediu para lhe comprar um saiote.* [chayote: *chuchu*].

sair intr. Sortir: *Só pensa em sair.* [salir: *sujar*].

sala f. **1.** Salle: *Os alunos estavam na sala.* **2.** Salon: *A sala ia ser limpa ontem.* [sale: *sujo*].

salsa f. Persil: *Roseli adora salsa e pimenta.* [sauce: *chuvarada, toró; molho*]. Cognat: salsa; salse.

sândalo m. Santal: *Sentimos de longe o cheiro do sândalo.* [sandale: *sandália*].

sanfona f. Vielle: *Disse para trazerem a sanfona.* [sainfoin (bot.): *sanfeno*].

sapeca adj.; m. Espiègle: *Recebeu em sua casa vários sapecas.* Cognat: sapeque.

sapo m. Crapaud: *A menina anda atrás do sapo.* [sape: *trincheira*].

sarda f. Tache de rousseur, tache de son: *Júlio tem horror a sardas.* [sarde: *sardo*].

satã m. Satan: *Parece que está envolvido com satã.* [satin: *cetim*].

sátira f. Satire: *Representaram várias sátiras da Antigüidade.* [satyre: *sátiro*].

sax m. Saxo: *Sempre admirei o sax.* [saxe: *porcelana de saxe*].

secador m. Séchoir: *Hoje mesmo vou comprar um secador.* [sécateur: *cisalha, tesourão*].

sedã m. voiture: *Márcia não fica bem no sedã.* [sedan: *tecido fino*].

selar ti. **1.** Sceller: *Precisam selar o documento.* **2.** Seller: *O peão não o selou, porque não recebeu ordens.* Cognat: timbrer.

seqüestro m. Séquestration: *O seqüestro do banqueiro não foi bem-sucedido.* Cognat: séquestre.

seringa f. Seringue: *Ricardo deixou cair a seringa.* [seringa: *silindra* (bot.)].

serra f. **1.** Chaîne de montagnes: *Prefere ficar na serra.* **2.** Scie: *Pergunte para o Wilson onde está a serra.* [serre: *estufa*].

serrar tr. Scier: *Deve serrar tudo antes do meio-dia.* [serrer: *apertar; aproximar; guardar*].

soar intr. Sonner: *Os sinos começaram a soar.* [soir: *noite*].

sobre prép. Sur: *A criança está sobre o carro.* [sur: *seguro*].

sobrenome m. Nom de famille: *Qual é o seu sobrenome?* [surnom: *apelido, cognome*].

soco m. Coup de poing: *Deu-lhe um soco na cara.* [soc: *relha*].

sofrer intr. Souffrir: *Não precisa sofrer, meu rapaz.* [soufrer: *enxofrar*].

sol m. Soleil: *Que sol maravilhoso!* [sol: *solo*]. Cognat: sol (note musicale).

sola f. Semelle: *Ermínio estragou de novo a sola.* [sole (agric.): *folha*; sole (zool.): *linguado*].

solda f. Brasure, soudure: *A solda não foi bem feita.* [solde (f.): *soldo*; solde (m.): *saldo*].

soldar ti. Souder: *Acha que não conseguirei soldar este objeto.* [solder: *saldar*].

soldo m. Solde: *Não está contente com os soldos.* [solde (m.): *saldo*].

solo m. Sol: *Preparam o solo com carinho.* Cognat: solo.

soma f. Somme: *Não poderei resolver a soma.* Cognat: soma (genét.).

sombra f. Ombre: *Faz pouca sombra nesse local.* [sombre (adj.): *escuro, sombrio*].

sombrear ti. Ombrager, ombrer: *Mandarei sombrear todo o estacionamento.* [sombrer: *soçobrar*].

sono m. Sommeil: *O barulho perturbava o sono.* Cognat: sono (abrév. de sonorisation).

sopapo m. Soufflet: *Roberto deu-lhe o sopapo que merecia.* [soupape: *válvula*].

sorte f. Sort: *Teve sorte com os amigos.* Cognat: sorte.

sortir ti. Approvisionner, assortir: *A partir de amanhã sortirá a despensa.* [sortir: *sair*].

suar intr. Suer: *Detesto suar quando danço.* [soir: *noite*].

subir intr.;tr. Monter: *Fátima subiu os degraus da fama.* [subir: *passar por, submeter-se; suportar*].

suco m. Jus: *Agora vai preparar o suco.* Cognat: suc.

suspense m. Suspense: *O suspense foi avaliado pelo crítico.* [suspense (f.): *suspensão*].

sustentar-se pron. Se soutenir: *Carlos aprendeu desde cedo a sustentar-se.* [se sustenter: *alimentar-se*].

sutiã m. Soutien-gorge: *Foi a mãe que lhe deu o primeiro sutiã.* [soutien: *apoio, suporte; sustento*].

taça f. Coupe: *Acabei de quebrar mais uma taça.* [tasse: xícara].

tacar tr. Donner des coups, jeter: *Resolveu tacar-me todos os papéis.* [taquer (tip.): *assentar a fôrma*].

tacha f. Tache: *Encontrei duas tachas sobre a mesa.* [tâche: *tarefa* (mission); taxe: *taxa*].

tampa f. Couvercle: *Ela se machucou com a tampa.* [tempe: têmpora].

tantã adj.; m. Loufoque: *O tantã atrapalhou a festa.* [tam-tam: *badalação*; tantã (tambour)].

tapar tr. Couvrir: *Você poderia tapar o que preparei?* (taper (quelqu'un; la machine): *bater*; taper (emprunter de l'argent – pop.): *Dar uma facada*; taper (boisson alcoolique): *subir*].

tapete m. Tapis: *Murilo mandou retirar todos os tapetes do hotel.* [tapette (petite tape): *tapinha*; tapette (vulg.): *bicha, veado*; tapette (bavarde - fam.): *língua*].

taquígrafo m. Sténodactylo: *Não o aceitamos porque não é um bom taquígrafo.* [tachygraphe: *tacógrafo*].

tata f.; fam. Soeurette: *A tata vai te dar um presente.* (tata (pop.): *titia*].

taxa f. **1.** Taux, taxe: *Quero saber qual foi a taxa de mortalidade?* **2.** Taxe: *A taxa do algodão foi alta neste ano.* [tache: *mancha, tacha*; tâche (mission): *tarefa*].

telha f. Tuille: *Essa telha está muito fina.* [teille: *tasco*].

temperar tr. Assaisonner: *Carlota não sabe temperar os pratos encomendados.* Cognat: tempérer.

tempo m. Temps: *Hoje o tempo está bom para música.* Cognat: tempo (mus.).

temporal 1. adj. Temporel: *Sabemos que a felicidade é temporal.* **2.** (m.) Orage: *O velho foi atingido no último temporal.* Cognat: temporal (anat).

tenor m. Ténor: *Conhecem esse tenor?* [teneur: *teor*].

termo m. Terme: *Minha empregada sabe escolher os termos certos.* [thermos: *garrafa térmica*].

terno 1. adj. Tendre: *Suas palavras foram bastante ternas.* **2.** m. Complet, costume: *O terno agradou-o.* [teme (adj.): *fosco, opaco*; terne (m.): *terno* (dans le jeu)].

terror m. Terreur: *Maurício parece gostar muito de terror.* [terroir: *terra* (lieu où l'on habite)].

teta f. Mamille, tétine: *A teta da vaca está ferida.* [tête: *cabeça*].

texto m. Texte: *Qual a função desse texto?* [test (preuve): *teste*; test (zool.): *concha*].

tigela f. Bol, jatte: *Essa tigela é bem pequena.* [tigelle (bot.): *caulículo*].

tique m. Tic: *Os tiques do peão incomodam-no demais.* [tique: *carrapato*].

tira 1. f. Bande: *A tira arrebentou.* **2.** (m.; arg.) Flic: *O tira chegou logo.* [tire (voiture, bagnole - arg.): *máquina*].

tocante adj. Touchant: *Sua história foi tocante.* [tocante (f.; fam.): *relógio*].

tolo adj. Niais, sot: *Considero-os tolos irrecuperáveis.* [tôle (en acier; en fer): *chapa*; tôle (prison - fam.): *xadrez*].

tomar tr. Avaler, boire, prendre: *Já tomaram o que pedi?* [tomer: *dividir em tomos, indicar*].

tontice f. Bêtise, niaiserie, sottise: *Fazer isso seria uma tontice.* [tontisse: *tapeçaria* (fait en tonte)].

tonto adj. Niais, sot: *Ele passou por tonto sem saber.* [tonte: *tosquia*].

tontura f. Étourdissement, vertige: *O barco me dá tontura.* [tonture: *curvatura* mar.; *tosadura*].

topar ind.; faro. Rencontrer: *Topei com a secretária no corredor.* [toper: *aceitar*].

topete m. Toupet: *O nenê desmanchou seu topete.* [topette: *garrafinha*].

topo m. Sommet: *É preciso esforço para alcançar o topo.* [topo: *discurso* (fam.); *mapa, plano*].

toque m. Son, touche: *Não percebi o seu toque.* [toque: *barrete, touca*].

tora f. Tronc: *Essa tora foi muito bem trabalhada.* [tore (archéol.; géom.): *toro*].

torpedo m. Torpille: *O torpedo atingiu-o instantaneamente.* [torpedo (voiture décapotable): *conversível*].

torto adj. Tordu, tors: *Além de comprido, era torto.* [tort: *defeito, erro*].

touro m. Taureau: *O touro pasta calmamente.* [taure: *novilha*].

traça f. Mite: *Há várias traças no chão do quarto.* [trace: *traço, vestígio*].

trair tr. Trahir: *Disse-me que a trairá logo cedo.* [traire: *ordenhar*].

transa f.; arg. Baise, bouffe: *Não são todos os pais que aceitam a transa entre adolescentes.* [transe: *transe*].

trânsito m. Circulation: *À partir das 18 h o trânsito fica insuportável.* Cognat: transito.

transplante m. Transplantation: *O transplante foi um sucesso.* [transplant: *órgão transplantado*].

trêmulo adj. Tremblant: *Um som já trêmulo saía de sua boca.* [trémolo (m.; mus.): *trêmulo*].

trevas f. pl. Ténèbres: *As trevas podem ser um sinal.* [trêves: *tréguas*].

trevo m. Trefle: *Pedro entregou um trevo à professora.* [trêve: *trégua*].

trilhão m. Billion: *A população mundial já atingiu mais de um trilhão de pessoas.* [trillion: *bilhão de bilhões*].

tripa f. Tripe: *Ver uma tripa não é agradável.* [trip (arg.): *viagem*].

troco m. Monnaie: *Você poderia me fazer o troco certo?* [troc: *troca*].

tromba f. Trompe: *Com a tromba, destruía tudo o que havia pela frente.* Cognat: trombe.

tropa f. Troupe: *Durante sua vida, já seguiu muitas tropas com orgulho.* [trope (figure de rhétorique): *tropo*].

trote m. **1.** Bizutage: *O trote deverá ser proibido.* **2.** Plaisanterie: *Decididamente, não gosto de trotes.* **3.** Trot: *De longe, víamos seu trote altivo e imponente.* [trotte (f.; fam.): *caminhada*].

turista n. Touriste: *Esse tipo de turista nunca é bem-vindo.* [turista: *doença gastro-intestinal*].

turno m. Tour: *Eles se revezavam a cada turno.* [turne (maison ou pièce sale): *chiqueiro*].

ursão m. Grand ours: O *ursão está ferido*. [ourson: *ursinho*].

ursinho m. Ourson: O *malvado matou o ursinho*. [oursin: *ouriço-do-mar*].

usar tr. **1.** Porter: *Ela só usa pantalonas.* **2.** Pratiquer: *Vânia usa correr à noite.* **3.** Utiliser: *Use o dicionário sempre que precisar.* [user: *estragar; usar (consommer)*].

útil adj. Utile: O *dicionário foi bastante útil.* [outil: *ferramenta*].

vacina f. Vaccin: *Para isso não foi descoberta vacina.* Cognat: vaccine.

velar 1. tr. Voiler: *Decidiram não mais velar a menina.* **2.** intr. Veiller: *É preciso velar a noite toda.* **3.** adj. Vélaire: *Tem dificuldade com o som velar.* [Velar (bot.): *herbácea; crucífera*].

velha f. Vieille: *Com 81 anos, a velha ainda estava maravilhosa.* [veille: *véspera; vigília;* vielle: *sanfona, viela*].

venal adj. Veineux: *Agravou-se o problema venal.* Cognat: vénal.

ver tr.; intr. Voir: *Só ver não resolve.* [ver (m.): *verme*].

verbalizar tr.; intr. Exposer verbalement: *O delegado verbalizou sem piedade.* [verbaliser: *lavrar um auto de infração*].

versão f. Thème: *Rodrigo era fraco na versão para o alemão.* Cognat: version.

versátil adj. Personne aux compétences multiples: *Laura é muito versátil, você vai ver.* [versatile: *inconstant*].

verso m. Vers: *Esses versos me lembram do campo.* [verse (agr.): *versa;* verso: *reverso*].

vespa f. Guêpe: *Uma vespa perseguiu o garoto por dez minutos.* Cognat: vespa.

veste f. Habit, vêtement: *A veste foi esquecida no banheiro.* [veste: *casaco*].

vestibular m. Examen pour l'admission à une université: *O vestibular confirmou a previsão.* [vestibulaire (adj.; anat): *vestibular*].

viajar intr. Voyager: *Ele não quer mais viajar.* [viager (adj.; m.): *vitalício*].

vida f. Vie: *A vida não tem sentido para ela.* [vide (adj.): *vazio*].

vila f. Village: *A vila não é muito grande.* [ville: *cidade*]. Cognat: villa.

violão m. Guitare: *Tiraram-lhe o violão.* [violon: *xadrez* (fam.; prison); *violinista* (dans une orchestre); *violino*].

violino m. violon: *Ela detesta violino.* [violine: *roxo*].

violonista m. Guitariste: *O violonista foi muito aplaudido no show.* Cognat: violoniste. [violoniste: *violinista*]

visagem f. Fantôme: *Sua visagem assustou-o.* [visage: *cara, rosto*].

vitória f. victoire: *A vitória estava garantida.* [victoria: *vitória-régia*]. Cognat: victoria (char).

viver intr. Vivre: *Viver não é fácil.* [vivre: *víveres*].

vivo adj.; m. Vivant: *Os vivos é que sentirão os problemas.* [vive: *peixe-aranha*].

volta f. Rentrée, retour, tour: *Nossa volta emocionou os parentes.* [volte (équit.; mar.): *volta*].

zelador m. Concierge: *É um zelador muito dedicado.* [zélateur (relig.): *adepto*].

zona f. **1.** Bas-fond, bordel: *Aqui não se fala em zona.* **2.** Zone, région, secteur: *A zona está toda demarcada.* Cognat: zona (maladie cutanée).

Sobre as autoras

Claudia Maria Xatara, líder do Grupo de Pesquisa do CNPq "Lexicologia e Lexicografia contrastiva" (http://www.ibilce.unesp.br/pesquisa/grupo/lexico), possui graduação em Bacharelado em Letras com Habilitação de Tradutor pela Universidade Estadual Paulista (Unesp) de São José do Rio Preto (1983), mestrado (1994) e doutorado (1998) em Lingüística e Língua Portuguesa pela Unesp-Araraquara e pós-doutorado pela Université de Nancy 2, França (2005). Atualmente é tradutora juramentada de francês e assistente-doutor da Unesp-SJRP, lecionando Língua Francesa, Prática de Redação em Francês e Estágio de Tradução no curso de Tradutor e Lexicologia e Lexicografia na Pós-Graduação em Estudos Lingüísticos. Seus campos de atuação principais são a expressão idiomática, a fraseologia da língua comum, a tradução e os dicionários especiais.

Para detalhes de sua produção científica
http://lattes.cnpq.br/5491216178053615

Sugestões e comentários
xatara@ibilce.unesp.br

Wanda Aparecida Leonardo de Oliveira possui graduação em Licenciatura em Letras pela Universidade Estadual Paulista (Unesp) de São José do Rio Preto (1976), especialização em Estágio de Aperfeiçoamento para Professores de Francês na Université Laval (1984), especialização em Estágio de Aperfeiçoamento pelo Centre International D'Études Pédagogiques (1981), mestrado em Literatura Brasileira (1985) e doutorado em Teoria da Literatura (1999), ambos pela Unesp-SJRP. Aposentou-se como Assistente Doutor do Ibilce-Unesp, tendo lecionado Língua Francesa e Estágio de Tradução nos cursos de Letras e Tradutor, atuado na Lexicografia bilíngüe especial e pesquisado os seguintes temas: Maupassant, Lobato, Lispector, conto francês, conto brasileiro, literatura comparada e isotopia.

Para detalhes de sua produção científica
http://lattes.cnpq.br/8016900346881554

Direção editorial
MIRIAN PAGLIA COSTA

Coordenação de produção
HELENA MARIA ALVES

Preparação de texto e revisão de provas
M.P. COSTA / PAGLIACOSTA EDITORIAL

Capa, Projeto gráfico e execução
YVES RIBEIRO, FILHO

CTP, Impressão e Acabamento
ASSAHI

Impresso no Brasil
Printed in Brazil

Formato 16 x 23 cm
Mancha 11,5 x 19 cm
Tipologia New Age 10/13
Papel Capa Cartão Carolina 250gr/m²
Miolo Prima Press 75gr/m²
Páginas 216